U0942428

香港戰前
華人屋宇與民生

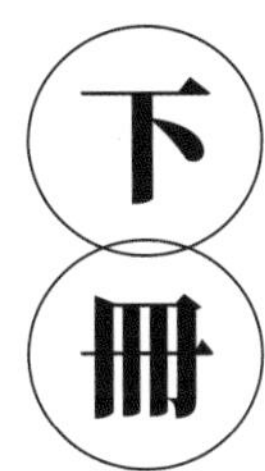

黃棣才　著

中華書局

目錄

第一章 香港島 戰前華人屋宇漫遊

第二章 九龍半島 戰前華人屋宇漫遊

第三章 花園城市漫遊

前言

1997 年至 2000 年間，筆者在全港進行調查考察，當時港島北岸連摩星嶺和香港仔及九龍半島總計有 374 幢 369 個街號的戰前住宅樓宇，但不包括加多利山花園洋房和九龍塘花園洋房，皇后大道中 172 號、174 號和 176 號三幢舊樓同時有威靈頓街三個街號，至今有 106 個街號樓宇已經拆卸，現存 268 幢 263 個街號樓宇。另外新柳街 16 號早於 1956 年重建成唐樓，但保留了以前騎樓的一對支柱，被誤會為戰前舊樓。電氣道 101 號和 103 號樓高六層，1957 年入伙，卻有一座由一對支柱承托跨越行人路的騎樓，因要擴寬路面，103 號要拆了露台和把前段樓面削去一角，地舖改為行人路，105 號則變成街道。當時港島北岸和香港仔有 182 幢 177 個街號的戰前住宅樓宇，至今有 43 個街號樓宇已經拆卸，現存 139 幢 134 個街號樓宇，當中有 15 幢是受保育的騎樓。當時九龍有 192 幢或街號的戰前住宅樓宇，至今有 63 幢或街號樓宇已經拆卸，現存 129 幢或街號樓宇，當中 9 幢是受保育的騎樓。

香港現有 136 項法定古蹟，其中只有 3 座戰前華人屋宇，分別是景賢里、甘棠第和雷生春。截至 2025 年 3 月 13 日，全港有 204 項一級歷史建築，其中港島有 11 幢是戰前華人屋宇，九龍的 2 幢已經拆卸；在 411 項二級歷史建築中，只有 53 幢是戰前華人屋宇，港島有 25 幢，當中 12 幢是受保育的騎樓，九龍有 28 幢，當中有 8 幢是受保育的騎樓；在 633 項三級歷史建築當中，戰前華人屋宇只佔 70 幢，港島和九龍分別有 43 幢和 27 幢，當中有 4 幢是受保育的騎樓，港島 3 幢，九龍 1 幢，另外有 1 幢已經拆卸，有 2 幢被除名。全港被確定或評為歷史建築的有 1248 項，只有 141 幢戰前華人屋宇被評為歷史建築，數目約為一成，港島有 84 幢 79 個街號，九龍有 57 幢或街號。尚有 124 項未被評級為歷史建築或法定古蹟，港島和九龍分別有 53 幢和 71 幢。九龍有 3 幢已經拆卸，為鴨寮街 96 號、欽州街 51 號和 53 號，鴨寮街 187 號和 189 號翻新後已面目全非，因而被除名。

1997 年正值香港回歸，筆者把握當下，拿着菲林相機，遊走全港，為戰前建築做拍攝紀錄，包括戰前華人屋宇，至 2000 年總算把全香港跑了一回。書中大部分相片是在 1997 年至千禧年間拍攝的菲林相片。希冀讀者能跟隨筆者的相機鏡頭，穿梭於不同年代的華人屋宇之間，一起回味這香港的舊日風景！

本書使用指南

本書相片按街道名稱和街號依次編排，基本上把大街中的舊樓按一個方向順序列出，再把橫街中的舊樓按一個方向順序排列。以灣仔線為例，以大街皇后大道東開始，接着是莊士敦道、軒尼詩道和駱克道等；然後是橫街的李節街開始，接着是船街、太原街和石水渠街等。觀賞照片時就如沿着每一條街有序地漫遊，行完一條又一條。在地圖上直接以街號檢索建築物的位置便可以了，搜尋方便。

知道了這個原理，查閱地圖時，想知道某一個街號建築物的樣子時，也可以按這種編排次序找出相片，每頁頂部也有大致的街道提示，相片之間亦有街牌標記。例如想查看灣仔道 91 號，打開書本，見到頁頂提示是船街，便要往後翻頁，若是史釗域道，便要向前翻看了。

地圖上以藍色方塊標示現存戰前華人屋宇，旁邊是街號，紅色表示已拆卸的戰前華人屋宇，基本上已羅列了 1997 年時市區內所有的戰前華人屋宇，只有數幢在拆卸中沒有相片。綠色是戰後唐樓，粉紅色是已拆卸的戰後唐樓，只有少部分例子。建築物線圖只以街號列出，沒有色塊，民生景點則以黑點標記。

為方便大家尋訪現在尚存的戰前華人屋宇，亦按不同地方繪製了推介漫遊路線圖，收錄於附錄部分，主要以地鐵站和高處為起步點，部分是循環線，逆行或中間插入起步皆可，其實每一條街都有特色，這只是指南而已。

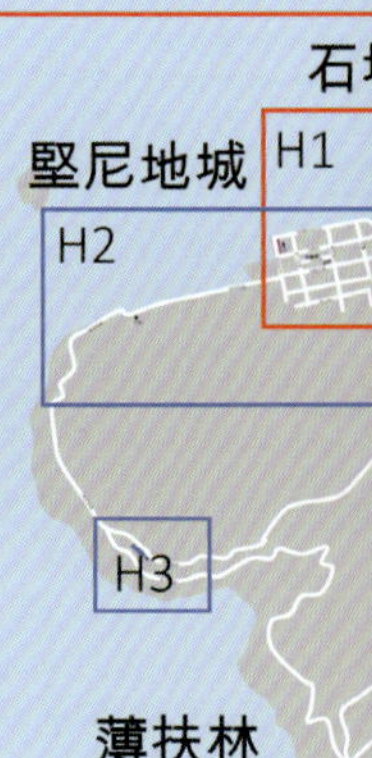

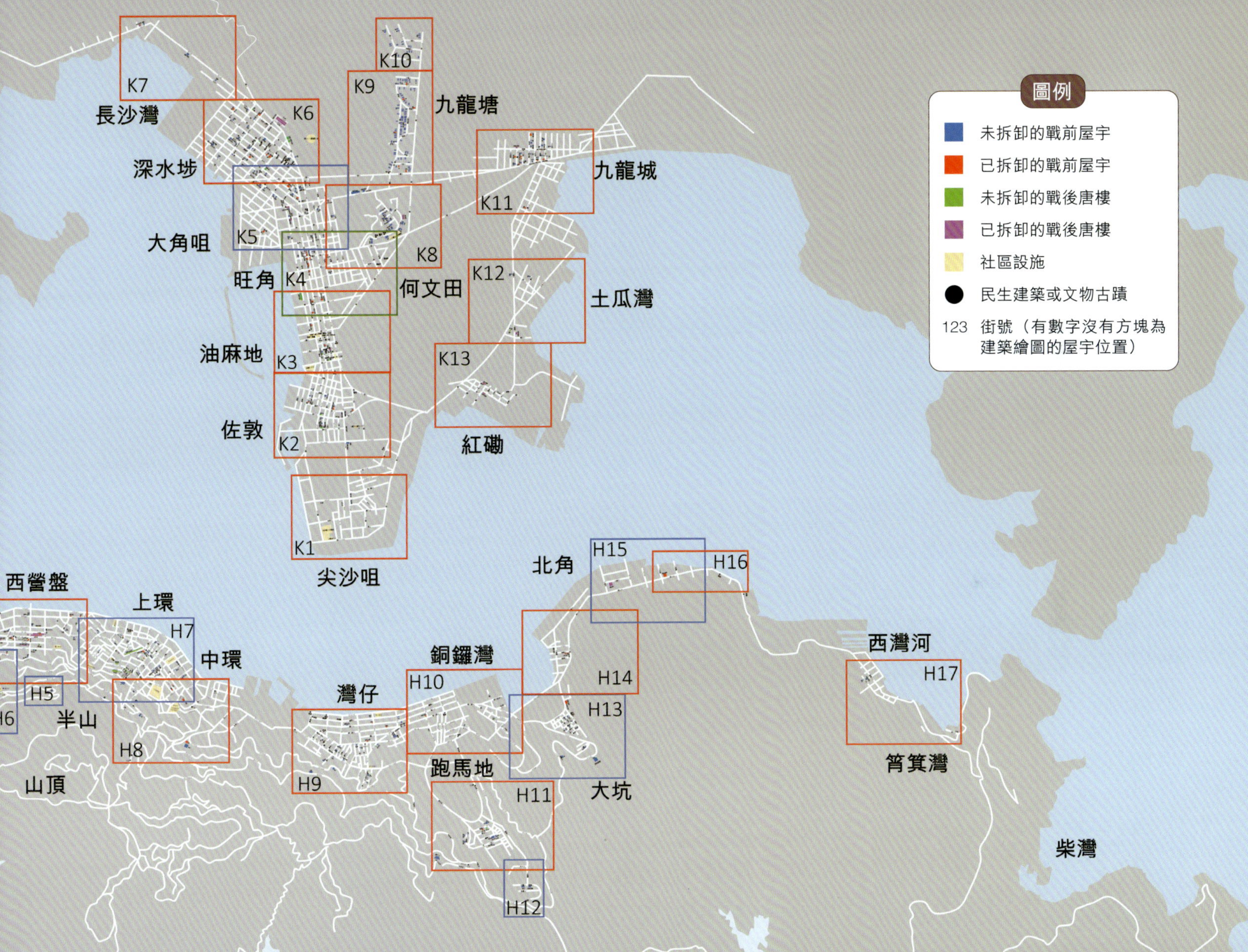
圖例
未拆卸的戰前屋宇
已拆卸的戰前屋宇
未拆卸的戰後唐樓
已拆卸的戰後唐樓
社區設施
民生建築或文物古蹟
123 街號（有數字沒有方塊為建築繪圖的屋宇位置）
長沙灣
深水埗
大角咀
旺角
油麻地
佐敦
尖沙咀
九龍塘
九龍城
何文田
土瓜灣
紅磡
北角
西營盤
上環
中環
半山
山頂
灣仔
銅鑼灣
跑馬地
大坑
西灣河
筲箕灣
柴灣
K1
K2
K3
K4
K5
K6
K7
K8
K9
K10
K11
K12
K13
H5
H6
H7
H8
H9
H10
H11
H12
H13
H14
H15
H16
H17

第一章

香港島

Hong Kong Island

戰前華人屋宇漫遊

香港島戰前樓宇街號名錄

(「*」號表示樓宇已於本書完稿前拆卸，「o」號表示為香港法定古蹟，「#」號表示為一級歷史建築，「##」號表示為二級歷史建築，「###」號表示為三級歷史建築。歷史建築亦包括受保育的騎樓，以「*/##」或「*/###」表示。)

街名	街號
德輔道中	72 號###、154 號
皇后大道中	172 號#、174 號#、176 號#
堅尼地道	2 號*、6 號*/## 和 8 號*/##、64 號###
羅便臣道	15 號##
安蘭街	10 號*、12 號* 和 14 號*、14 號* 和 16 號*、18 號* 和 20 號*
士丹利街	80 號
威靈頓街	27 號*、30 號*、99F 號##、120 號#、123 號、125 號、127 號、196 號*、198 號*
荷李活道	60 號##、62 號###、64 號
文咸東街	99 號*、113 號###、121 號
文咸西街	12 號
蘇杭街	112 號#
利源東街	17 號、18 號
砵甸乍街	22 號
閣麟街	36 號
些利街	30 號##
嘉咸街	26A 號*/###、26B 號*/###、26C 號*/###

街名	街號
永和街	31 號
禧利街	3 號、5 號、7 號*
太子臺	9 號
衞城道	7 號o
干德道	41A 號、41B 號、44 號
德輔道西	33 號*、67 號* 和 69 號*、207 號##、380 號
皇后大道西	1 號###、110 號、153 號、295 號、360 號和 362 號
西街	36 號
東邊街	36 號
正街	46 號*、48 號*、50 號*
餘樂里	9 號### 和 10 號###、11 號和 12 號、14 號*
高街	20 號###
第一街	26 號* 和 28 號*
第二街	18 號*、20 號*、41 號* 和 43 號*、100 號*
興漢道	2 號*、19 號*
般咸道	35 號##
太白臺	8 號和 9 號
青蓮臺	9 號###

街名	街號
厚和街	35 號和 37 號
摩星嶺道	61 號 1 至 8 座 ###
皇后大道東	129 號、186 號 ###、188 號 ### 和 190 號 ###
莊士敦道	60A 號 ## 和 62 號 ##、64 號 ##、66 號 ##、108 號、157 號 * 和 159 號 *
軒尼詩道	235 號 *、369 號 * 和 371 號 *
駱克道	109 號 ### 和 111 號 ###、197 號 *、284 號和 286 號
謝斐道	163 號
吉安街	9 號 ###
慶雲街	2 號 ### 和 4 號 ###、3 號、6 號 ### 和 8 號 ###
灣仔道	91 號 *
船街	18 號 ##、55 號 #
太原街	18 號
石水渠街	72 號 # 和 72A 號 #、74 號 # 和 74A 號 #
巴路士街	6 號 * 和 8 號 *、10 號 * 和 12 號 *
茂蘿街	1 號 ## 和 3 號 ##、5 號 ## 和 7 號 ##、9 號 ## 和 11 號 ##
史釗域道	6 號 ###
司徒拔道	45 號
寶雲道	15 號、17 號

街名	街號
鳳輝臺	2 號、16 號 ###、17 號 ###、23 號 ###、24 號 ###
成和道	9 號和 11 號
藍塘道	118 號 ### 和 120 號 ###
奕蔭街	17 號 * 和 19 號 *
毓秀街	11 號 ###、15 號 ##、17 號 ##
山村道	54 號 ###
蟠龍道	5 號 ### 和 7 號 ###
霎東街	6 號
銅鑼灣道	118 號 *、120 號 * 和 122 號 *
書館街	4 號、7 號
第二巷	4 號 ###
施弼街	8 號
華倫街	2 號、4 號
新村街	16 號、30 號 ###、31 號 ###
利群道	2 號 ###、3 號 ### 和 4 號 ###
大坑道	15A 號 #
宏豐臺	4 號 ###
英皇道	39 號 *
清風街	14 號 * 和 16 號 *
西灣河街	118 號和 120 號、141 號

路線Ⓐ 中上環線

1941 年時中區海岸線為干諾道中，華人屋宇分佈至半山堅道，往上至干德道為洋樓。中區是維多利亞城的行政和經濟中心，港府部門建築物和銀行大廈，盡皆集中於此。華人屋宇主要是第一代和第二代類型，大街如皇后大道中和德輔道中建有騎樓，其餘的窄街例如威靈頓街、砵甸乍街和鴨巴甸街等，都建有露台，惟空間不多。中環和上環是香港西式文教的發源地，當時大部分教堂建築至今依然存在，學校大多重建，或遷置他區。

1941 年上環的海岸線為干諾道西，般咸道至干德道是半山，建有洋房。上環主要是華人商業區和住宅區，是香港開埠早期的華人社區，傳統文化和宗教味濃，民生以文武廟為中心。囿於早期欠缺規劃，街道和房屋狹窄，華人屋宇主要是第一代和第二代類型，大街如皇后大道中和德輔道中有騎樓，其餘窄街例如荷李活道建有露台，空間不多。太平山區因鼠疫而重新規劃重建，劃出了卜公花園作為休憩用地，設立了香港細菌學院，但樓梯街道密集，規限了交通發展。

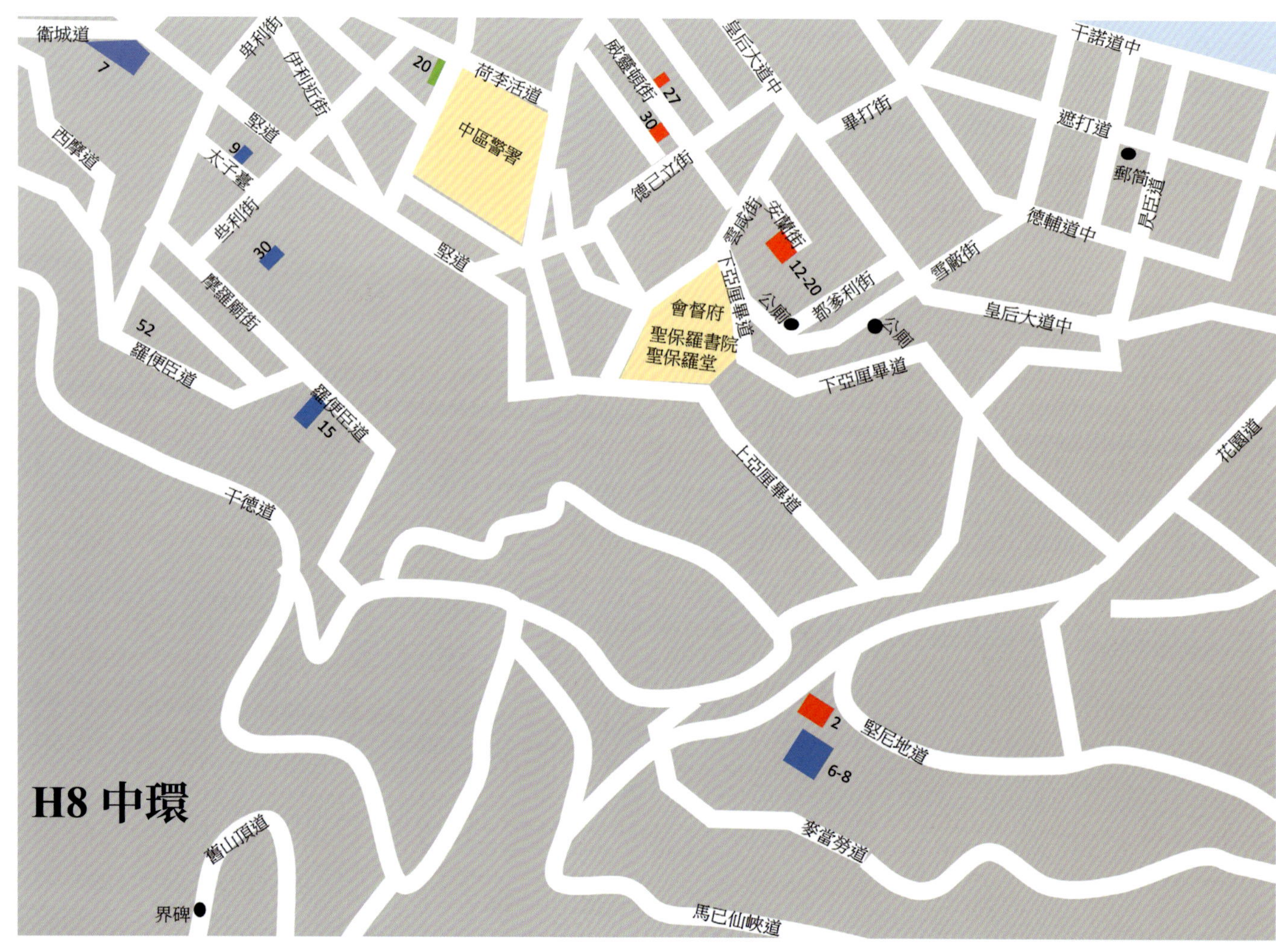
H8 中環
衛城道
7
卑利街
伊利近街
20
荷李活道
中區警署
威靈頓街
27
30
皇后大道中
干諾道中
畢打街
遮打道
郵筒
昃臣道
西摩道
堅道
9
太子臺
些利街
30
德己立街
雲咸街
安蘭街
12-20
德輔道中
雪廠街
堅道
下亞厘畢道
公廁
都爹利街
公廁
皇后大道中
摩羅廟街
52
羅便臣道
會督府
聖保羅書院
聖保羅堂
下亞厘畢道
羅便臣道
15
上亞厘畢道
花園道
干德道
2
堅尼地道
6-8
麥當勞道
舊山頂道
界碑
馬己仙峽道

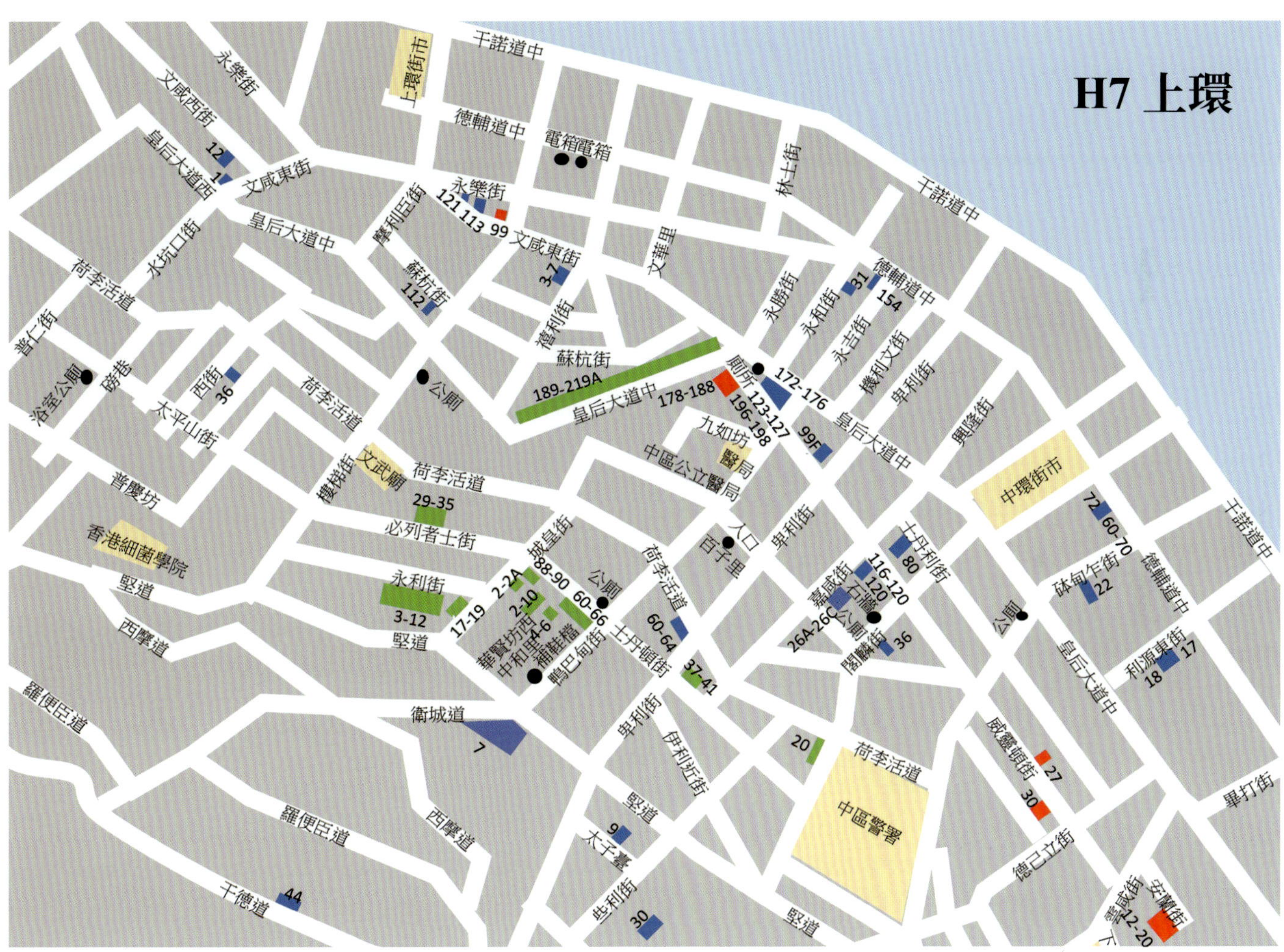
H7 上環
干諾道中
上環街市
永樂街
文咸西街
德輔道中
電箱電箱
林士街
皇后大道西
文咸東街
永樂街
121 113 99
摩利臣街
皇后大道中
水坑口街
文咸東街
文華里
荷李活道
蘇杭街
112
37
禧利街
永勝街
永和街
31
154
德輔道中
普仁街
永吉街
機利文街
蘇杭街
189-219A
皇后大道中
廁所
178-188
123-127
172-176
乍畏街
浴室公廁
磅巷
西街
36
公廁
荷李活道
太平山街
196-198
九如坊
99F
皇后大道中
興隆街
中區公立醫局
醫局
文武廟
樓梯街
荷李活道
普慶坊
29-35
中環街市
必列者士街
香港細菌學院
入口
百子里
士丹利街
72
60-70
德輔道中
永利街
2-2A
城皇街
88-90
公廁
荷李活道
116-120
嘉咸街
石牆
砵甸乍街
22
堅道
3-12
17-19
2-10
60-66
60-64
26A-26C
公廁
公廁
西摩道
堅道
華賢坊西
中和里
4-6
樂慶里
鴨巴甸街
士丹頓街
閣麟街
36
皇后大道中
利源東街
17
18
羅便臣道
37-41
衛城道
7
伊利近街
20
荷李活道
威靈頓街
27
30
畢打街
中區警署
堅道
9
太子臺
羅便臣道
西摩道
干德道
44
些利街
30
堅道
德己立街
雲咸街
安蘭街
12-20

德輔道中 72 號　德榮大押（2000 年前攝）

樓高四層，建有四層騎樓，以鐵柵圍封防盜，單邊樓減低火災威脅，樓梯設於後座，旗杆屬裝飾藝術風格。

德輔道中 80 號　中環街市（2000 年前攝）

建於 1939 年，2003 年關閉，2021 年以活化項目運作。

德輔道中 60 號至 70 號

建於 1900 年代，為古典建築風格，建有三層外廊，1957 年重建為第一代萬宜大廈。

德輔道中 154 號（2004 年攝）

原為梁蘇記遮廠，樓高五層，建有四層騎樓，有頂層露台，平屋頂，地下設閣樓，樓梯設於後座，每層分左右兩段。

德輔道中皇后像廣場的郵筒

全港唯一一個橢圓形雙孔郵筒，位於中環遮打道皇后像廣場，編號 239。1997 年以前，皇后大道中萬邦行外也有一個，編號 238，但由於老舊而被移走。兩個郵筒來自蘇格蘭，1970 年代到港，只有蘇格蘭皇冠浮雕，沒有在位英國君主徽號，有別於其他郵筒。

英式紅色郵筒（2009 年攝）

1997 年以後，傳統的英式紅郵筒被綠色郵箱取代，東九龍政府合署停車場內曾暫放收回的舊郵筒，合署地下是東九龍郵政局。

德輔道中 264 號　電車配電箱（2025 年攝）

上環街市電車總站保留了一個戰後初期的配電箱，配置 97C 柱子，西環德輔道 444 號 32C 柱、中環戲院里至滙豐銀行的 F120 柱、F126 柱、128A 柱和 130A 柱也配置這一款電箱。

德輔道中 268 號　電車配電箱（2025 年攝）

估計港島電車路有 30 個電車配電箱，2000 年仍有六個戰前古典電車配電箱。上環街市電車總站保留了一個戰前古典電車配電箱和一個戰後初期的配電箱，戰前古典電車配電箱配置 97A 柱子，估計可能是最後一個。

雪廠街　尿廁舊址（2016 年攝）

雪廠街尿廁位於雪廠街 16 號對面，原本雪廠街 23 號旁邊，1903 年設立，1959 年隨着中區政府合署落成重建為公廁。

利源東街 17 號和 18 號（2025 年攝）

樓高三層，樓面呈矩形，有獨立直梯，本來有鋼筋水泥外廊，翻新後 17 號二樓和三樓改為露台，18 號則拆走外廊，背後是德忌利士巷，可以開後窗。

Pottinger Street
砵甸乍街

砵甸乍街 22 號（2021 年攝）

砵甸乍街 2 號至 30 號 15 幢樓宇原是同一系列，估計建於 1910 年代，樓面呈矩形，樓高三層，二樓和三樓有外廊，雙坡屋頂。16 號和 22 號於 1930 年代重建，三層高，樓面呈「d」字形，淺窄的外廊較其他舊樓外廊窄，類似嘉咸街 26A 號。戰後要擴寬街道，舊樓重建時往內縮，相對地把 22 號推前了。

砵甸乍街　地下公廁（2005 年攝）

建於 1914 年，1960 年代仍然運作，已用作食物環境衞生署儲物室。

永和街 31 號（2021 年攝）

估計建於 1930 年代，樓高三層，樓面矩形，沒有後巷，二樓和三樓有露台，翻新後立面樓層分佈模糊，與 33 號多年來作餐飲業用途。

Queen's Road Central
皇后大道中

皇后大道中 172 號至 176 號（2000 年前攝）

三幢樓宇大約建於 1900 年代，樓高四層，建有三層騎樓，地下無樓梯口。後面威靈頓街較皇后大道中高一層，二樓是威靈頓街的地舖，並有直樓梯通往上層，門牌為威靈頓街 123 號、125 號和 127 號，三幢屋宇六個門牌是現存的唯一例子。

皇后大道中 178 號至 188 號及威靈頓街 196 號至 198 號

矮的兩幢二樓有鐵柵外廊，廊頂是三樓的露台，高的一列建有三層騎樓，依皇后大道中弧形排列，其中三幢樓高四層，大約建於 1875 年以前。

皇后大道中 189 號至 219 號（2016 年攝）

11 幢同一系列的屋宇於 1960 年代開始個別重建。

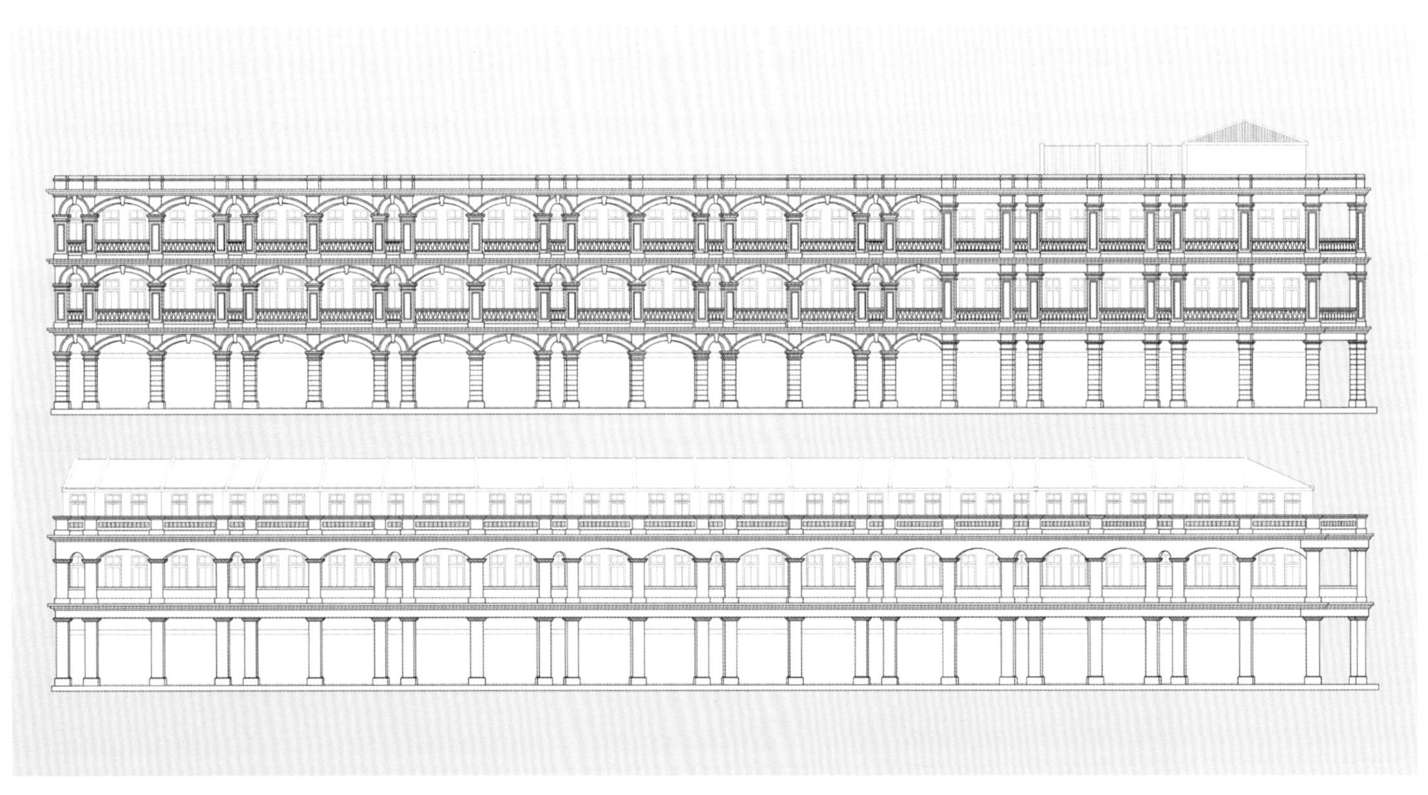

皇后大道中 189 號至 219A 號

始建於 1875 年以前，依皇后大道中呈波浪形排列，樓高三層，建有兩層騎樓，雙坡屋頂。其後改建成三層騎樓，平屋頂，立面變得更為古典細緻。

安蘭街 12 號至 20 號（2005 年攝，已拆卸）

估計五幢屋宇建於 1910 年代，於 2010 年拆卸。安蘭街原有十幢外型一樣屋宇，樓高四層，外廊在二樓和三樓，露台在四樓，兩屋樓面合成凸字形，共用一梯，每層分左右兩段。原址是第三代德國會所。

士丹利街 80 號（2025 年攝）

建於 1930 年代，後期改建，原有淺窄外廊，與嘉咸街 26A 號相似，二樓露台為 1952 年興建。

威靈頓街 27 號（2004 年攝）

樓高三層，外廊或露台已拆除，估計立面類似威靈頓街 123 號。

Wellington Street
威靈頓街

威靈頓街 30 號（2004 年攝）

建於 1930 年代，樓高四層，樓面為「d」字型，原有淺窄外廊，與嘉咸街 26A 號相似，地舖是奇華餅家，2021 年重建成商廈。

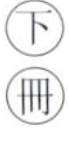

威靈頓街 99F 號（2000 年前攝）

建於 1920 年代，樓高四層，樓面是「d」字形，雙坡屋頂，建有三層淺窄外廊，地下兩邊伸出的牆板有阻隔火勢的功能，沒有後巷。

威靈頓街 99D 號至 99F 號

建於 1920 年代，建有三層淺窄外廊，牆面有凸出的牆板。

威靈頓街 120 號 (2000 年前攝)

建於 1879 年，樓高三層，原建有淺窄外廊，是由青磚和木材建成，雙坡瓦頂，正面上層各開兩個圓拱窗。這是第一代的華人屋宇，也是現存最古老的背貼背華人屋宇。最後一個租戶為經營雜貨的永和號，於 1920 年代開業。

威靈頓街 120 號（2004 年攝）

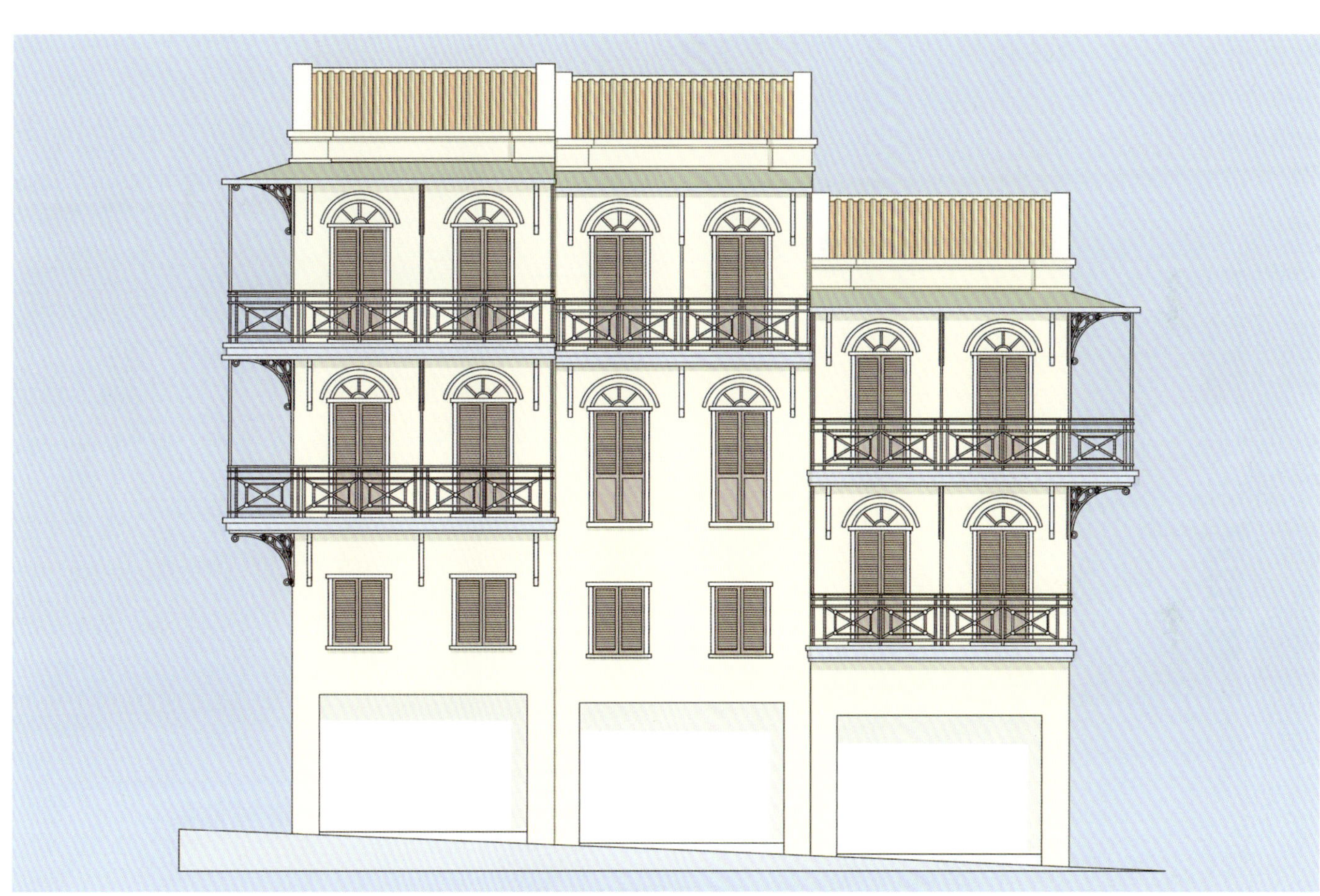

威靈頓街 116 號至 120 號（116-120 Wellington Street）

建於 1870 年代，雙坡屋頂，樓上有淺窄外廊。

威靈頓街 123 號、125 號和 127 號（2000 年前攝）

三幢屋宇樓高四層，因威靈頓街較皇后大道中高一層，故二樓是威靈頓街的地舖和樓梯口，底層是朝向皇后大道中的地舖，取皇后大道中 172 號、174 號和 176 號，原本有淺窄的鐵柵外廊，2020 年後期拆除。

威靈頓街 地下公廁（2000 年前攝）

建於 1913 年，入口原位於威靈頓街，是香港現今最古老的仍然運作的地下公廁。1894 年鼠疫大爆發後，港府在各區設立公廁，某些地方因土地不足，只能設立地下公廁，估計曾設有七所。

威靈頓街 196 號和 198 號（2004 年攝，已拆卸）

為第二代華人屋宇，樓高三層，雙坡瓦頂，建有外廊，樓面呈矩形，2006 年拆卸。從 1870 年代舊相所見，此處用作雲來茶居。路口常是慶典牌樓的所在地，街口有地下公廁，至今依然運作。威靈頓街口的 5 號差館和水車館則於 1920 年代遷離。

九如坊 1 號　中區公立醫局（2000 年前攝，已拆卸）

建於 1907 年，1953 年中區健康院啟用，醫局用作街坊福利會，1997 年拆卸。戰前有十間由華人成立的公立醫院，戰後由港府接辦，現在只餘深水埗公立醫局和赤柱公立醫局建築，後者仍作診所運作。

閣麟街 36 號（2004 年攝）

樓高三層，二樓和三樓有淺窄露台，內置獨立樓梯。38 號建於 1965 年，設計與 36 號相似，露台鐵柵已被拆除。過去的租戶主要經營出口時裝散賣和製衣、興趣班教室等，近來的租戶貨品漸趨高級。

Cochrane Street
閣麟街

閣麟街 25 號至 27 號青磚牆體（2000 年前攝）

樓宇早在戰前拆卸空置，青磚牆體及花崗石牆基是第一代華人屋宇的遺物。

嘉咸街 26A 號、26B 號和 26C 號（2000 年前攝）

建於 1924 年左右，原與 26D 號為同系列屋宇，樓高三層，樓上建有淺窄的外廊，平屋頂，兩幢樓面合併為凸字形。

吉士笠街　公廁（2004 年攝，已拆卸）

估計建於 1950 年代，2010 年代因市區重建計劃拆卸，後方是嘉咸街 26A 號、26B 號、26C 號和 26D 號背面。

結志街 36 號　百子里入口（2004 年攝）

中環有一些屋宇地下除了是屋宇的樓梯口，也是進入街巷的通道，消失了的例子有永樂街 17 號和皇后大道中 187 號，是永勝街的出入口。

鴨巴甸　街補鞋檔（2005 年攝）

檔主許伯 16 歲在廣州學師，後遷居香港，在上址搭建鐵皮檔，以補鞋養家，每天早八晚六，幾乎風雨不改，一做便是六十多年。2018 年港府指其檔位構成行人過路時的交通隱患，要遷往卑利街，時年 88 歲的許伯只好於 3 月 9 日結業退休，翌日補鞋檔被清拆。

Hollywood Road
荷李活道

荷李活道 10 號 中區警署（2000 年前攝）

始建於 1864 年，2005 年停用。與 1912 年建成的中央裁判司署和 1858 年始建成的域多利監獄被納入保育項目，改建後用作「大館」。現在只餘深水埗警署和旺角警署是仍在運作的戰前警署。

荷李活道 20 號（2000 年前攝）

建於 1953 年，樓高四層，樓面呈「b」字形，有裝飾藝術風格元素，包括頂部的旗杆和後方側面樓梯的圓形氣窗，外牆有橫向線條，部分窗戶保留着舊式鐵窗框。

荷李活道 60 號（2000 年前攝）

荷李活道 60 號、62 號和 64 號估計建於 1910 年代後期，皆樓高四層，樓面呈半邊凸字形，原都是雙坡瓦頂，二樓和三樓設有淺窄的外廊，頂層內縮，有獨立樓梯。60 號的樓梯在後方，梯口開在側面，外貌最接近原貌，地舖為公利真料竹蔗水涼茶舖，於 1948 年開業，三樓曾於 1919 年用作華仁書院創校校舍。62 號地下的振隆白米於 2006 年結業，樓宇進行翻新，拆走二樓的鐵籠和三樓的鐵露台，原有的外廊早已圍封。64 號早已改建成平屋頂，以及將外廊圍封，全幢樓宇自用，不設街門。

荷李活道 60 號、62 號和 64 號（2005 年攝）

荷李活道 60 號至 64 號

建於 1910 年代後期，原本都像 60 號般二樓和三樓有淺窄的鐵柵外廊，頂層內縮，獨立樓梯。

士丹頓街 37 號、39 號和 41 號（2004 年攝）

建於 1948 年，樓高三層，為同一系列屋宇，兩屋共用一梯，平屋頂，淺窄鐵柵露台已拆走了鐵柵。

Staunton Street
士丹頓街

鴨巴甸街與士丹頓街交界地下公廁（2007 年攝）

建於 1913 年，1960 年代仍然運作，現已關閉。

士丹頓街 60 號至 66 號（2018 年攝）

60 號和 62 號是建於 1958 年的唐樓，樓高六層，二樓至六樓有相連的懸臂式騎樓，兩屋一樓，平屋頂。

士丹頓街 64 號至 66 號（2005 年攝）

64 號建於 1956 年，樓高四層，一梯直上，二樓至四樓有淺窄的鐵柵露台，樓面「d」字形，平屋頂。66 號建於 1959 年，樓高六層，樓上建有露台，樓面呈矩形，樓梯在後方，樓梯口開在側邊。

士丹頓街 88 號和 90 號（2005 年攝）

建於 1951 年，樓高四層，樓上各層有淺窄的鐵欄露台，一梯共用，每層分左右兩段，梯座外牆是當時流行的水泥格柵，採光和通風效果良好，後座每層角位有弧形露台。1945 年盟軍空軍轟炸被日軍佔用的皇仁書院時，此處樓宇被波及。

士丹頓街 90 號（2007 年攝）

士丹頓街 88 號和 90 號的後座角位有弧形的露台，以連接前座。

中和里 4 號和 6 號（2018 年攝）

建於 1954 年，4 號樓高五層，6 號樓高四層，4 號往下多一層，樓梯對上首兩層各有鐵柵露台，頂層向後縮入，一梯共用，每層分左右兩段，平屋頂。

華賢坊西 2 號和 4 號（2018 年攝）

華賢坊西 6 號至 10 號（2005 年攝）

華賢坊西 2 號至 10 號五幢屋宇建於 1951 年，樓高三層，二樓建有獨立鐵柵露台，平屋頂。2 號、4 號和 10 號有獨立樓梯，6 號和 8 號共用一梯，梯座外牆是水泥格柵。

城皇街 2 號和 2A 號（2005 年攝）

2 號建於 1948 年，2A 號建於 1951 年，皆樓高三層，有獨立樓梯，二樓和三樓露台上的鐵柵已拆除，平屋頂。

城皇街 17 號和 19 號（2005 年攝）

建於 1951 年，樓高三層，樓上建有鐵柵露台，三樓向後縮入，一梯共用，每層分左右兩段，梯座外牆是水泥格柵，平屋頂。由於雙方地台相差半層，17 號單位門口開在後方梯台，19 號的則在前方梯台，故不會出現門對門的情況。

些利街 30 號（2000 年前攝）

大約於 1920 年代建成，是清真教教徒住所，單層的一座較三層高的一座先建成。些利街於 1849 年建成香港首間清真寺，1915 年重建，保留了 1890 年興建的尖塔。

衛城道 7 號（2007 年攝）

建於 1914 年，樓高三層，連一層地庫，具古典建築風格，為富商何甘棠的住宅甘棠第。1959 年轉讓，翌年又轉手給耶穌基督後期聖徒教會作為聚會場所。2004 年港府廉價購得大宅，2006 年用作孫中山紀念館，2010 年列為法定古蹟。

太子臺 9 號（2008 年攝）

建於 1920 年代，樓高四層，外廊已拆除，棕色牆面，樓面呈「b」字形。1890 年，德忌利士·林柏（Douglas Lapraik, 1818-1869）後人把太子臺位置的大宅 Douglas Villas 轉讓給法國傳道會（the Society of the Missions Etrangères），作為香港分會總部，1917 年遷往炮台里，原址於 1923 年發展為太子臺和香港浸信教會等二十多幢物業。

羅便臣道 15 號

建於 1936 年，為裝飾藝術風格，亦有古典的建築元素。

羅便臣道 15 號（2000 年前攝）

建於 1936 年，是已故銀行家李星衢的大宅，有裝飾藝術風格元素，例如工藝美術的鐵窗花和門柵，以及簡約的幾何條紋，中部設有內廊，亦有古典的建築元素，例如塔斯卡尼式巨柱。

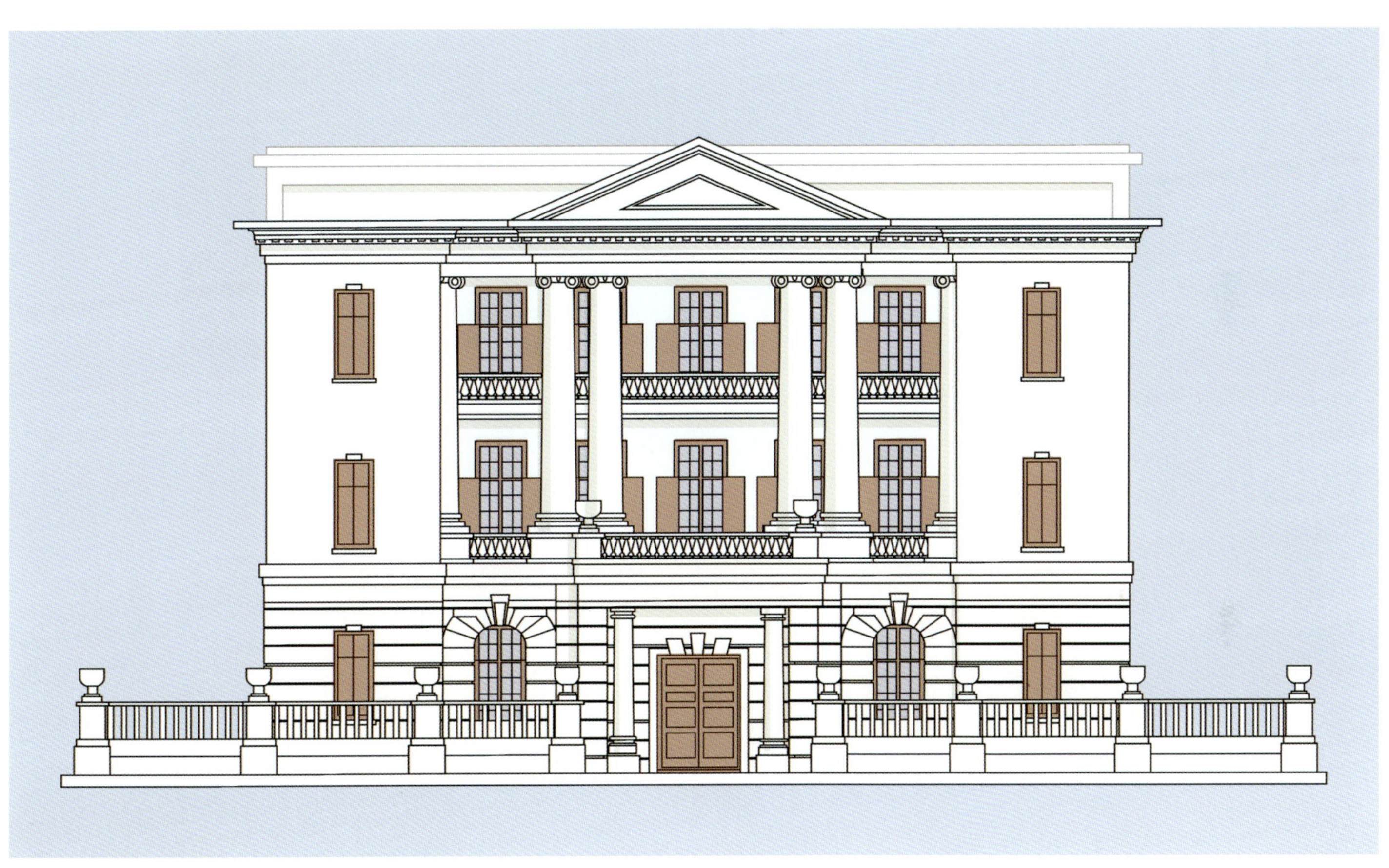

羅便臣道 52 號

建於 1930 年代，文藝復興式建築風格，二樓和三樓中段有內廊，是韋少伯家族的大屋，戰後用作萊頓書院。

Conduit Road
干德道

干德道 44 號（2008 年攝）

樓高兩層，原本只在中央開門，有新古典主義建築元素，窗台和簷篷塑有裝飾。1980 年代和 1990 年代用作超級市場，2000 年代用作地產舖，下層被改成三門三窗。44A 號和 42 號原與洋樓連成一體，1968 年與羅便臣道 69A 號合併發展。

干德道 41B 號（2008 年攝）

大約建於 1934 年，樓高三層，主要以紅磚和麻石營造色帶效果，主樓的內設大露台已圍封為房間。

干德道 43A 號（2008 年攝）

大約建於 1934 年，樓高三層，連一層地庫，有裝飾藝術風格元素，例如長線條紋、圍欄的三角開孔。

Bonham Strand
文咸東街

文咸東街 99 號（2004 年攝）

估計建於 1930 年代，樓高四層，2008 年拆卸前天台已加建了另一層鐵棚，二樓和三樓有外廊，廊頂成為四樓的露台，樓面呈「d」字形。

文咸東街 113 號（2004 年攝）

建於 1931 年，樓高四層，每層有露台，平屋頂，樓面呈「b」字形，鋼筋水泥建造，地下為彭裕泰茶莊的門市部，彭裕泰茶莊始創於 1893 年，由祖輩傳予孫輩經營，門不常開。

文咸東街 121 號（2004 年攝）

建於 1930 年代，樓高三層，樓面呈矩形，樓梯內設，平屋頂，二樓和三樓有露台。2006 年全幢用作花店，露台以鐵欄圍合，全樓都是植物。2009 年時用作法國美食餐廳，樓宇已經翻新，鐵欄已拆走。2021 年用作佛教書店。

文咸西街 12 號　百昌堂（2004 年攝）

樓高三層，樓面呈矩形，深度為面寬的 5.5 倍。文咸西街和相鄰的高陞街、德輔道西一帶，也常見這麼深進的樓宇，常用作貨棧存貨經營運作。「百昌堂」始創於 1913 年，戰後購入現址，樓上淺窄的外廊已圍封。

Jervois Street
蘇杭街

蘇杭街 112 號 (2004 年攝)

建於 1889 年以前，樓高三層，以青磚和木材建造，木板樓層，沒有後巷或天井，鋼筋水泥露台可能是後來替換的，屋頂改用瓦通鐵的雙坡頂棚，估計是第一代華人屋宇，並且是保存最好的一間。1906 年源氏家族在香港開設源吉林分店，初址蘇杭街 120 號和 122 號，1923 年遷往現址。

蘇杭街 112 號（2025 年攝）

地下內情況可以見到樓層以木板和木樑建造，以牆上的托架承托。

禧利街 3 號、5 號和 7 號（2004 年攝）

禧利街 1 號至 11 號原是六幢同一系列屋宇，樓高三層，二樓和三樓有鐵柵外廊，雙坡瓦頂。2004 年只餘 3 號、5 號和 7 號，除 7 號三樓外，外廊被木料或鐵皮圍封，屋頂已改建為平頂及加建一層上蓋。7 號地舖是魚絲行，門市設在 9 號，5 號地舖為金舖，3 號則為雀鳥店。2021 年已不見了 7 號屋宇，外廊亦已拆走。

樓梯街　公廁（2021 年攝）

樓梯街公廁早於 1920 年代已經設立，2025 年進行翻新工程。

必列者士街 29 號至 35 號（2004 年攝）

建於 1952 年，為同一系列屋宇，樓高五層，兩屋共用一梯，梯座外牆為水泥格柵，第二層為地舖和樓梯口，三樓至五樓有淺窄鐵柵露台，但鐵柵已拆除，五樓內縮，平屋頂。

Wing Lee Street
永利街

永利街 3 號至 12 號（2007 年攝）

永利街原有 19 幢第二代華人屋宇，樓高三層，雙坡瓦頂，二樓和三樓有外廊，樣子像普慶坊的戰前屋宇。1945 年盟軍轟炸日佔皇仁書院時，樓宇全被波及，西段被炸至崩塌。1952 年重建了 3 號至 12 號的唐樓，樓高四層，平屋頂，樓上有淺窄的鐵柵露台。除 9 號和 12 號是獨立一條直樓梯外，其他是兩屋共用一梯，每層分左右兩段。

永利街 3 號至 7 號（2007 年攝）

永利街 8 號至 12 號（2007 年攝）

西街 36 號（2018 年攝）

樓高兩層，雙坡瓦頂，淺窄的露台早已拆走，2017 年翻新。翻新前二樓和三樓各有三個大窗，以兩條凸出的直柱分隔，窗頂則有兩行粗大凸出的橫條，翻新後改為大窗，三面牆面各有一幅人面特寫批盪。

磅巷公廁及浴室（2021 年攝）

1894 年鼠疫大爆發後，港府銳意改善社區環境衞生，於 1904 年設立磅巷浴室，是香港首個公共浴室。1961 年，磅巷浴室在原址重建，成為公共浴廁。

普慶坊 50 號至 72 號

建於 1900 年代，二樓和三樓有鐵柵外廊，四樓為鐵柵露台，雙坡屋頂，地下每戶有趟櫳門。

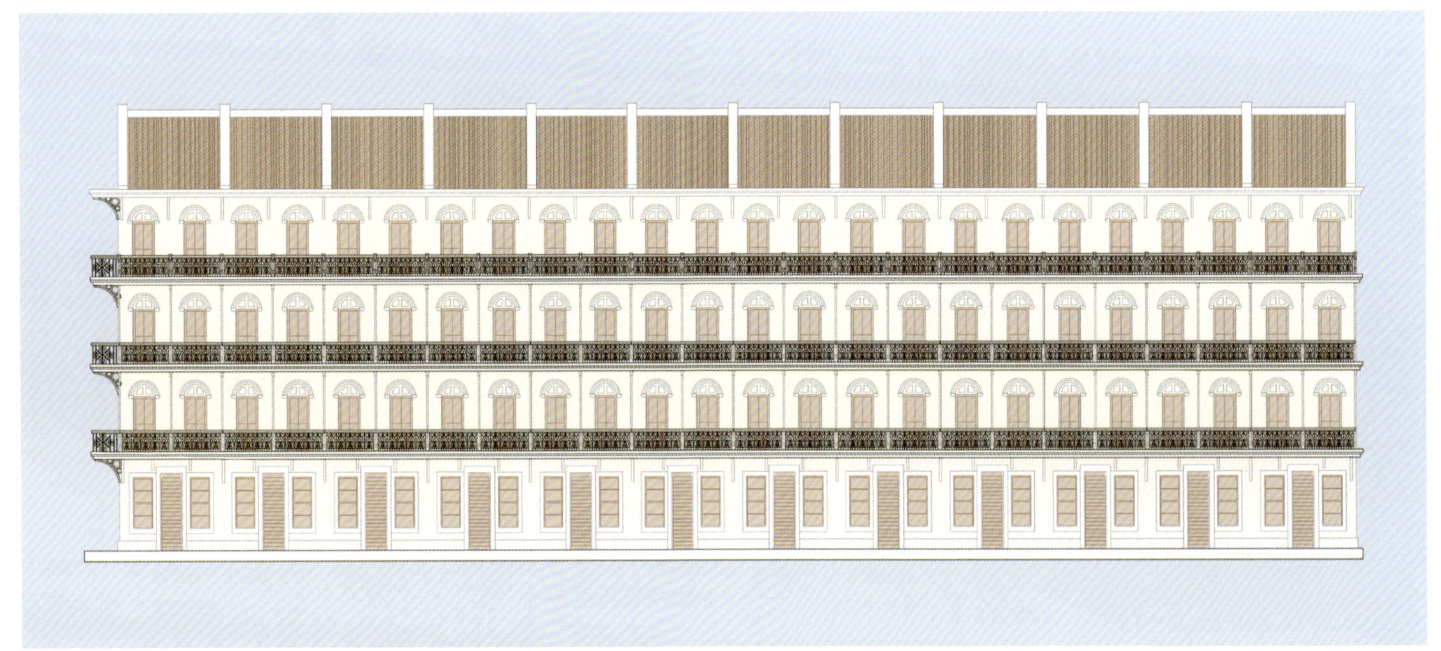

堅巷 香港細菌學院（2000 年前攝）

香港細菌學院因應 1894 年香港鼠疫大爆發而設立，1906 年啟用，後期加建馬廄和動物飼養室，1946 年改稱香港病理學院，1972 年遷往薄扶林域多利道免疫學研究院新址，1982 年馬房和動物飼養室拆卸以興建公園，1995 年此處用作香港醫學博物館。

路線 Ⓑ 西環線

西區包括西營盤、石塘咀和堅尼地城，1941 年的海岸線為干諾道西，德輔道西接堅尼地城新海旁至西市街，範圍沿加多近街、科士街、石山街、西環七臺至薄扶林道，香港大學、寶珊道和干德道。西營盤大約於 1860 年代開始發展，有較好的規劃，街道較上環寬闊，佈局如棋盤狀，樓房多數連排依山坡地台而建，雖背對背，但前排與後排有高低落差，並留有空間。大街例如皇后大道西和德輔道西有騎樓，窄街例如第一街、第二街，直街例如正街和西邊街都有露台，半山則為洋房。西區當中以西營盤的規劃具代表性，街市在社區的中心，教會和警署在西邊西邊街，醫院在東邊，學校在上邊般咸道，貨棧倉庫在下邊海旁。

H4 西營盤
H5
干諾道西
德輔道西
皇后大道西
第一街
第二街
第三街
高街
般咸道
列堤頓道
羅便臣道
醫院道
半山警署
織補檔
公廁
浴室

堅彌地城海旁
西區濾水廠房
般咸道
興漢道
19
2
薄扶林道
卑路乍街
太白臺
8-9
羲皇臺
山市街
青蓮臺
9
桃李臺
西約濾水廠
鐵水缸
旭龢道
石寓
克頓道
界碑
H6 西半山

H2 堅尼地城
H1 石塘咀
H3 薄扶林
德輔道西
皇后大道西
山道
公廁
皐路乍街
屈地街
石塘咀
薄扶林道
西區濾水廠房
堅彌地城海旁
1-19A
吉席街
35-37
厚和街
2-4
士美菲路
北街
加多近街
爹核士街
卑路乍街
科士街
山市街
太白臺
8-9
羲皇臺
青蓮臺
9
桃李臺
61
摩星嶺道
域多利道

高陞街 15 號（2018 年攝）

建於 1958 年，樓高五層，中央每層建有露台，是一幢甚有特色的戰後唐樓。地舖楣頂原置有「泰和隆興記行」，2011 年改置「泰和隆」，自物業建成開業至今，經營中藥材及海產品。

Des Voeux Road West
德輔道西

德輔道西 67 號和 69 號（2004 年攝，已拆卸）

建於 1921 年，樓高四層，建有四層騎樓，二樓和三樓有鐵柵圍欄，每層有鐵蓮花防盜，分別於 2014 年和 2019 年拆卸。69 號地舖為大森海味，見證海味街風華。德輔道西 59 號至 71 號和干諾道西 81 號至 87 號為 14 幢同一系列的屋宇，以後巷分隔。

德輔道西 207 號（2000 年前攝）

建於 1921 年，207 號至 261 號 28 幢屋宇原是同一系列，樓高四層，建有四層騎樓，兩屋共用一梯，雙坡瓦頂。207 號是單邊樓，側邊每層各有三個露台。1982 年，209 號拆卸，207 號則在後方打穿樓層，用鋼筋水泥另建樓梯上落，樓梯口在側邊，地舖曾用作蓆莊和酒莊，千禧年時是報紙檔，騎樓底留有「厚生酒莊」招牌。

德輔道西 207 號至 217 號

建於 1920 年代，建有四層騎樓，兩屋共用一梯，雙坡瓦頂。單邊樓側邊每層各有三個露台。

德輔道西 380 號（2025 年攝）

原與 382 號和 384 號為同一系列屋宇，建於 1930 年代，騎樓的五枝支柱以長短長短的距離排列，380 號與 382 號共用一梯，其較闊的騎樓頂部有弧形山牆。估計整排騎樓在 1978 年左右，隨着 382 號和 384 號的重建而被拆除。

德輔道西 380 號至 384 號

建於 1930 年代，建有四層騎樓，騎樓頂部有弧形山牆。

Queen's Road West
皇后大道西

皇后大道西 1 號（2004 年攝）

建於 1926 年，樓高四層，樓面為長方形，樓面面積是騎樓的兩倍。地舖有記合臘味店經營多年，於 1970 年結業，其後租給涼茶舖、便利店和時裝店。兩面外牆刻有「有記合」、「金豬」和「臘味」字樣。此處面對着水坑口街（Possession Street，舊稱波些臣街），1941 年英軍在這一帶登陸香港，宣稱佔領和開埠。

皇后大道西 1 號（2025 年攝）

皇后大道西 153 號　合德行（2000 年前攝）

樓面呈「b」字形，樓高四層，二三四樓逐層退縮並被鐵柵圍封，樓頂山牆標示建成年份「1941」，每層圍欄漆有「合德故衣行」招牌，估計於 1960 年代轉為「合德珠寶金飾行」。

皇后大道西雀仔橋　地下公廁

建於 1911 年，現已封閉停用。

皇后大道西 110 號（2004 年攝）

與 102 號至 108 號原是同一系列屋宇，大約建於 1920 年代，樓高四層，樓面呈矩形，原為雙坡瓦頂，憑外牆上的鐵臂托架和相鄰的 112 號騎樓側牆所見，110 號樓上曾建有外廊。

皇后大道西 253 號至 263 號

建於 1920 年代，建有三層騎樓，雙坡屋頂，由於牆面一般都被招牌和文字覆蓋，故裝飾不多。

皇后大道西 295 號（2000 年前攝）

估計建於 1930 年代，樓面呈「b」字形，樓高四層，建有兩層騎樓，四樓有露台。千禧年時二樓已被木板圍封，三樓和四樓為木窗，皆空置，地舖是沒有樓梯口的燒臘店，2004 年時是生果店，2009 年時是散貨場，樓上全被水泥圍封。

皇后大道西 360 號和 362 號（2004 年攝）

樓高四層，兩屋共用一梯，每層分左右兩段，淺窄的露台早已拆走，後座每層有露台。地舖為趙醒楠跌打醫館，有四十多年歷史，是區內地標，趙醒楠已離世，由兒子繼承，另一兒子是西醫，在旁邊開業。

皇后大道西 360 號和 362 號（2005 年攝）

東邊街 36 號（2000 年前攝）

樓高四層，另有地庫，樓面呈「b」字形，雙坡瓦頂，二樓和三樓有淺窄的露台，四樓露台則為弧形，直樓梯至三樓後，由打橫左右兩段樓梯通往四樓。

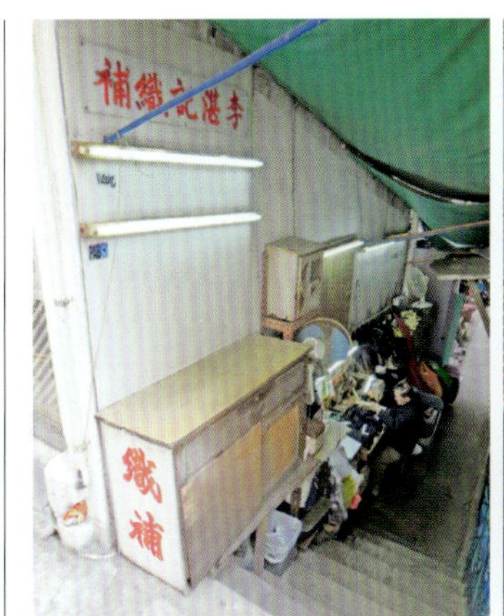

五福里　李湛記織補（2018 年攝）

位於東邊街 36 號右側五福里，1940 年開業，繼承人於 2020 年榮休結業。

正街 46 號、48 號和 50 號 (2000 年前攝，已拆卸)

估計建於 1920 年代，位於德星里出口，樓高四層，樓面「b」字形或「d」字形，雙坡瓦頂，有獨立樓梯，二樓和三樓的外廊和四樓的露台早被圍封，2000 年代初拆卸，地段用作臨時公廁多年。

爹核里 1 號至 4 號 (2004 年攝)

四幢屋宇建於 1950 年，樓高兩層，兩屋共用一梯，樓面呈凸字形，是戰後唐樓。

德星里
1 號至 3 號
(2004 年攝)

德星里 1 號至 7 號七幢屋宇建於 1950 年至 1953 年間，樓高三層，首尾各兩間樓面為凸字形，兩屋共用一梯，中間三間樓面為「d」字形，是戰後唐樓。

德星里 5 號至 7 號（2004 年攝）

Yu Lok Lane
餘樂里

餘樂里 1 號和 2 號（2007 年攝）

餘樂里建有 21 個街號屋宇，皆樓高四層，雙坡瓦頂，二樓有淺窄露台。千禧年時只有 9 號至 12 號和 14 號尚未重建，3 號至 6 號和 20 號已經消失，其餘屋宇建於 1950 年代，2016 年完成保育活化項目，保留了 9 號至 12 號。9 號、10 號和 14 號建於 1930 年代。

餘樂里 7 號至 23 號（2007 年攝）

餘樂里 7 號和 8 號（2007 年攝）

餘樂里 9 號、10 號、11 號和 12 號（2007 年攝）

餘樂里 13 號和 14 號（2007 年攝）

餘樂里 15 號、16 號和 17 號（2007 年攝）

餘樂里 17 號、18 號和 19 號（2007 年攝）

餘樂里 18 號和 19 號、21 號和 23 號（2007 年攝）

餘樂里 12 號（2000 年前攝）

Western Street
西邊街

西邊街 5 號（2004 年攝）

樓高四層，連一層地庫，樓面呈「b」字形，有獨立樓梯，二樓、三樓和四樓建有水泥露台，估計建於 1930 年代，2018 年左右拆除。

第二街和西邊街交界　公共浴室（2009 年攝）

建於 1925 年，地下為女士浴室，上層是男士浴室。地下公廁則位於對面西邊街及第二街交界馬路下面，現在已經填封。

First Street
第一街

第一街 2 號至 56 號（2004 年攝，已拆卸）

26 號和 28 號是當時該街段最後的戰前屋宇，樓高三層，二樓和三樓有露台，其他都是六層高的唐樓。該街段原有 28 個街號的矩形樓面屋宇，2 號至 10 號和 46 號至 56 號於 1956 年以前重建，30 號和 32 號於 1957 年重建，12 號至 24 號於 1958 年重建，34 號至 56 號於 1959 年重建，估計於 1970 年代開始再重建六層。

第二街 18 號和 20 號 (2007 年攝，已拆卸)

第二街 20 號地台較 18 號低，皆樓高四層，獨立樓梯，二樓和三樓原有淺窄的鐵柵露台，四樓內縮，2010 年已拆卸。

第二街 100 號 (2004 年攝，已拆卸)

估計建於 1930 年代，樓高四層，四樓內縮一個開間，露台已拆除，雙坡屋頂，有獨立樓梯，樓面呈「d」字形，2012 年拆卸。96 號至 118 號十幢屋宇原是同一系列。

第二街 1 號至 55 號（2004 年攝）

第二街 41 號和 43 號是當時該街段最後的戰前屋宇，該街段原有 28 個街號屋宇，1 號至 11 號於 1979 年底建成大廈，其他都是六層高的唐樓。13 至 55 號已拆卸。

第三街 18 號至 24 號（2004 年攝）

建於 1948 年，樓高四層，兩屋共用一梯，梯座外牆為水泥格柵，二樓至四樓有鐵柵露台，鐵柵已拆除。

第三街 145 號至 153 號（2004 年攝，已拆卸）

建於 1949 年，與 139 號至 143 號八幢屋宇原是同一系列，樓高五層及一層地庫連接譚里，兩屋一前梯和一露天後梯，梯座外牆為水泥格柵，二樓至四樓有鐵柵露台，五樓內縮，於 2023 年拆卸。

第三街 135 號至 149 號

建於 1949 年，建有四層鐵柵露台，頂層內縮，平屋頂，有後梯。

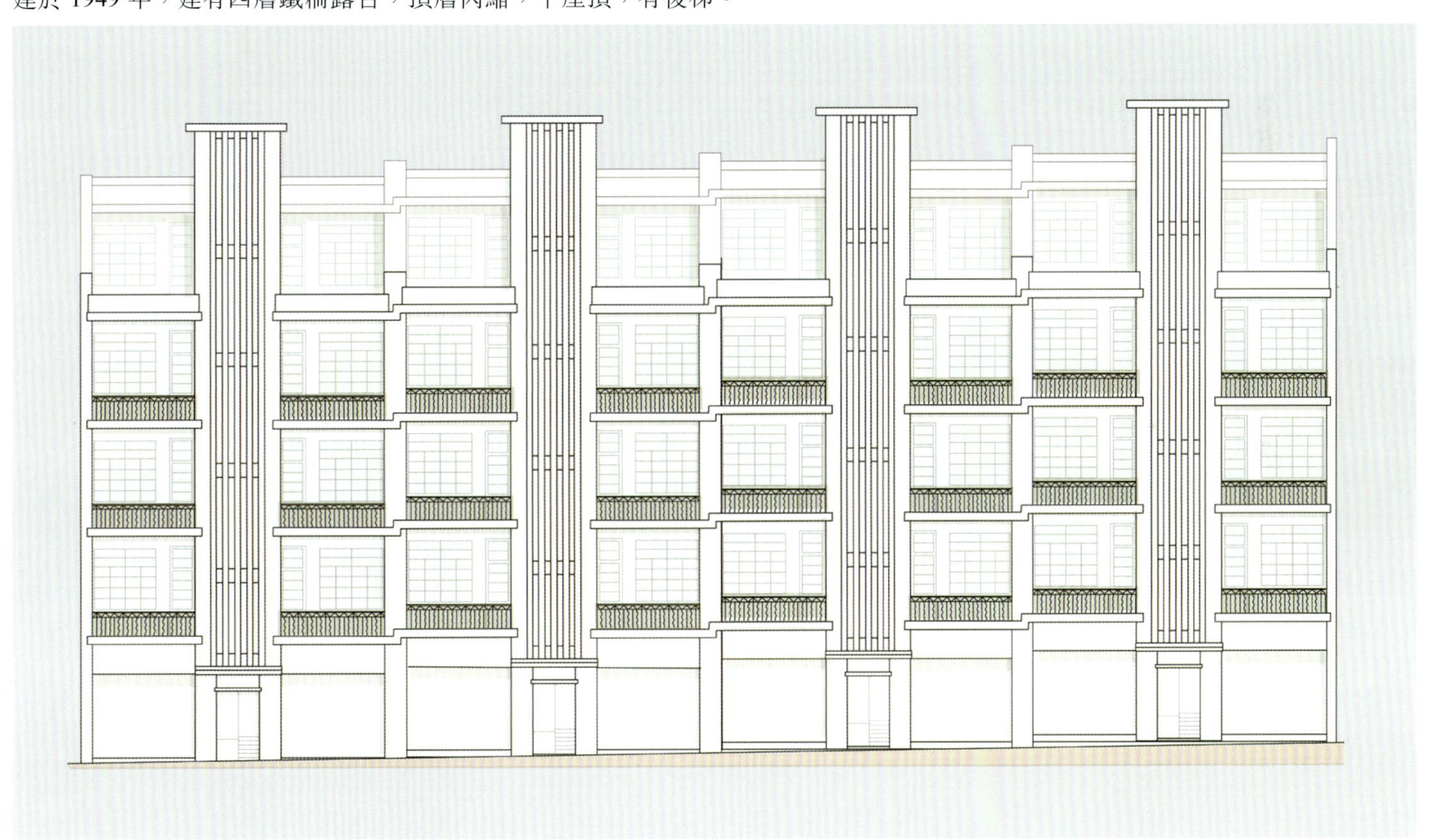

第三街 155 號（2004 年攝，已拆卸）

建於 1956 年，樓高五層，二樓至五樓有斜角露台，四樓和五樓露台往上逐層收窄，兩邊各有一條樓梯，後座亦有露台，於 2024 年拆卸。

第三街 160 號（2004 年攝）

建於 1956 年，樓高四層，原與 162 號為同一系列屋宇，兩屋共用一梯，梯座外牆有水泥格柵，門口頂部有圓環設計，二至四樓有鐵露台，有工藝美術風格的鐵花裝飾，四樓內縮。

高街 20 號（2004 年攝）

建於 1927 年，樓高四層，每層有淺窄的外廊，平屋頂，原與同期建成的 18 號樓面呈凸字形，樓頂有弧形山牆，18 號與 16 號於 1978 年完成重建，弧形山牆因而只餘一半。2017 年翻新，換走了圍欄，拆走了二樓的圍封，門窗仿照樓上的門窗重置，用作服務式住宅。

高街 1F 號　半山警署（2000 年前攝）

建於 1935 年，其後用作港島總區刑事總部，2006 年港島總區刑事總部遷往警政大樓後，此處空置。2011 年改建完成，用作戴麟趾康復中心。

般咸道 33 號至 43 號

建於 1920 年代，為古典建築風格，因應地形，內廊大多數是三角形。

般咸道 35 號（2000 年前攝）

正街至西邊街整塊地段原是聖士提反書院的第一代校址，以般咸道 53 號為界，西邊是校舍，其餘為操場。1923 年書院遷走，地段分兩層發展，上層是高級洋樓，樓高四層，各有不同的古典建築元素，因應地形，內廊大多數是三角形，包括般咸道 35 號。

興漢道 2 號（2000 年前攝）

建於 1916 年，樓高三層，平屋頂，樓面呈矩形，有獨立樓梯，於 2014 年拆除。原與同期建成的 1 號、3 號和 4 號相連為一組，高度一致，有古典建築元素，但立面設計不一樣。興漢道是私家街，1900 年代發展為中上流社會華人住宅區。

興漢道 19 號（2004 年攝）

建於 1917 年，興漢道 18 號至 27 號十幢屋宇原是同一系列，樓高三層，樓面呈「b」字形或「d」字形，有古典建築元素，地下和三樓為圓拱內廊，二樓為柱廊，有獨立樓梯。1967 年左右開始陸續重建，1990 年代只餘 19 號，2009 年拆除。

旭龢道 15 號 石寓（2000 年前攝）

建於 1923 年，原有三層，當時是修車房，1949 年到 1951 年間用作香港外國記者會的會所，1970 年因興建赫頓大廈而拆走第三層，1980 年起用作住宅。

薄扶林道 西區濾水廠房（2000 年前攝）

建於 1931 年，1993 年關閉。2005 年港大把用地納入興建百年校園範圍，把濾水廠高級職員宿舍和工人宿舍翻新。2012 年高級職員宿舍用作書店和訪客中心；2008 年至 2023 年間，工人宿舍用作龍虎山環境教育中心。

旭龢道
軍部鐵水缸
(2005 年攝)

英國軍需處 B↑O 標記水缸位於旭龢道和大學道交界，估計於 1855 年以前製造，1930 年代被放置於現址供大學使用。1929 年 4 月，港府實行七級制水，也曾在人口稠密的地方設置金屬水缸，供市民取用清水。

Kotewall Road
旭龢道

旭龢道 50 號
西環濾水廠
(2000 年前攝)

於 1919 年建成，1997 年被改為儲水庫，改稱旭龢道食水配水庫。

克頓道　維多利亞城界碑
(2000 年前攝)

位於克頓道距旭龢道 400 米左右附近，海拔 700 呎（212 米）。

太白臺 8 號和 9 號（2000 年前攝）

1915 年，富商李寶龍在西環山（現今七臺範圍內）開設太白樓遊樂場，開始在該處興建屋宇。1924 年已建成小型住宅的李寶龍臺和太白臺、中型住宅的青蓮臺和桃李臺、西邊花園大宅的紫蘭臺，但羲皇臺還是空地。這一年李寶龍生意失敗，把項目出售，接手的合興公司建成學士臺和羲皇臺屋宇。七臺的名稱取自李白的名字和文章，皆樓高四層，只有李寶龍臺的房屋是雙坡頂，其他是平屋頂，各有露台，太白臺和羲皇臺的露台呈弧形，以直樓梯至頂層。

青蓮臺 9 號（2004 年攝）

樓高四層，比太白臺多一個窗間寬，露台是矩形的，獨立直樓梯，平屋頂。1924 年已建成的 1 號至 14 號是同一系列屋宇。

薄扶林道維多利亞城界碑（2012 年攝）

位於薄扶林道行人道 48907 號電燈柱，近與士美菲路交界。1903 年，港府訂立維多利亞城的邊界，豎立界碑以顯示城市範圍，估計放置在邊界的轉折點。2000 年時有六塊被確認，其後又找到四塊，均刻有「CITY BOUNDARY 1903」字樣。

卑路乍街 公廁（2025 年攝）

早於 1901 年設立，1950 年代重建成牛房式的公廁，2017 年翻新。

Pok Fu Lam Road
薄扶林道

Hau Wo Street
厚和街

厚和街 2 號至 4 號（2004 年攝，已拆卸）

建於 1948 年，於 2008 年拆卸。

厚和街 35 號和 37 號（2004 年攝）

1900 年代，山市街以西是工廠區，當中介乎士美菲路與爹核士街之間的吉席街、厚和街和卑路乍街有四排華人屋宇，每排 26 間，樓高三層，往後重建，改為淺窄的露台，現在只餘厚和街 35 號和 37 號，露台已被拆去。

加多近街 1 號至 19A 號（2000 年前攝，已拆卸）

1960 年代，加多近街 1 號至 19A 號、吉席街 101 號至 119 號、爹核士街 2A 號至 2K 號、新海旁街 36 號至 44 號屋宇落成，原址是貨倉，是戰後唐樓，樓高六層，千禧年左右拆卸。

西寧街 維多利亞城界碑（2004 年攝）

西寧街的界碑是被移放在該處的，原來位置是在西寧閣。

摩星嶺道 61 號（2000 年前攝）

建於 1924 年，福利別墅又稱緋荔榭、緋麗榭，洋房連地庫高三層，分上下排在摩星嶺道 61 號兩旁建成，有古典復興式建築元素，有凸肚陽台和內廊。香港大學於 1957 年購入下排八連單位用作職員宿舍，上排十連單位於 1995 年完成重建。

舊山頂道　維多利亞城界碑（2008 年攝）

位於舊山頂道與地利根德里交界處附近，海拔 700 呎（212 米）。

聖保羅書院舊址（2000 年前攝）

1851 年正式在下亞厘畢道 1 號成立，戰後遷往般咸道 69 號，是香港本地創立歷史最悠久的英文學校。

路線 Ⓒ　灣仔線

1941 年時，灣仔的海岸線為告士打道。灣仔在戰前經歷了兩次填海，華人屋宇出現明顯的兩代模式，騎樓集中在皇后大道東和莊士敦道以北的新填海區，街道寬闊。莊士敦道以北的直街和皇后大道東以南街道的樓宇則建有露台，皇后大道東和莊士敦道的騎樓設計較為古典，一般塑有花飾，拱券外廊亦很流行，新填地內的騎樓則較為簡約，只有柱列外廊。灣仔是海員的落腳地，駱克道是酒吧紅燈區，修頓球場是主要的休憩用地，主要由貝夫人健康院和灣仔公立醫局提供醫療服務。進教圍是天主教嘉諾撒仁愛女修會在灣仔傳教、辦學、安老和醫療的要地。

槽蓋
軍器廠街
槽蓋
槽蓋
槽蓋
槽蓋
告士打道
163
灣仔警署
史釗域道
6
謝斐道
197
109-111
284-286
駱克道
235
軒尼詩道
防空洞
19-39
軒尼詩道
分域街
盧押道
軒尼詩道
柯布連道
菲林明道
276-288
皇后大道東
晏頓街
24-34
蘭杜街
2-12
李節街
騎樓
莊士敦道
譚臣道
莊士敦道
巴路士街
6-12
1-11
克街
機利臣街
157-159
灣仔道
聯發街
60A-66
莊士敦道
108
報紙檔
18
灣仔道
75 91
118-136
船街
18
大王東街
汕頭街
廈門街
太原街
石水渠街
利東街
127
186-190
春園街
灣仔道
55
船街
皇后大道東
灣仔街市
皇后大道東
堅尼地道
64
15
寶雲道
賢華街
日星街
72-74A
28
72-82B
慶雲街
3
9
石水渠街
吉安街
堅彌地街
17
堅尼地道

H9 灣仔

堅尼地道 2 號、6 號和 8 號（2006 年攝，已拆卸）

為李冠春家族物業，6 號和 8 號高四層，於 1935 年和 1927 年建成。2 號高三層，有裝飾藝術風格和古典建築元素。2010 年拆卸，只保留 6 號和 8 號的前座內廊。堅尼地道 2 號至 20 號和麥當勞道 3A 號至 29 號地段原是富商庇理羅士皇座樓的所在地。

堅尼地道 64 號（2009 年前攝）

建於 1924 年，是香港中華巴士創辦人顏成坤的大宅。建於地臺之上，臺下有車房，大宅為折衷主義建築，主體為簡約主義風格，內廊為古典的陶立克式列柱，八角形塔樓為文藝復興風格。

寶雲道 15 號（2000 年前攝）

樓高兩層，樓面呈凸字形，正立面右邊有凸肚部分，前面有一個泳池。

寶雲道　維多利亞城界碑（2004 年攝）

位於寶雲道離司徒拔道交匯處約半公里處。

皇后大道東 118 號至 136 號

建於 1930 年代，建有三層騎樓，樓頂是四樓的露台，雙坡屋頂，高度低於四樓屋頂的圍欄。

Queen's Road East
皇后大道東

皇后大道東 127 號（2000 年前攝）

建於 1867 年，樓高兩層，雙坡瓦頂，是 129 號洪聖廟的擴建部分，門額上刻「北城侯廟」（魯班廟），以樓側通道的有蓋木樓梯上落。入口原建有傳統的雙坡瓦頂圓柱門廊，1920 年代時重建為兩層高的騎樓，門額則被「望海觀音」牌匾遮蓋。

皇后大道東　防空洞（2000 年前攝）

日本侵略香港前夕，港府在港九市區修建大量防空隧道 / 防空洞，給平民在日軍空襲時躲藏，戰後多已封閉，當中以皇后大道東防空洞最為顯眼。

皇后大道東 186 號、188 號和 190 號（2004 年攝）

建於 1930 年代，樓高四層，建有三層騎樓，平屋頂，186 號為單邊樓，樓梯置於後方，其他一梯共用。186 號和 188 號地舖曾是老店志生珠寶金飾行和大盛金舖。往日街坊籌備婚禮，在這裏買金飾，到喜帖街（利東街）印請帖，又到莊士敦道的酒樓辦酒席。

皇后大道東 186 號至 190 號

建於 1930 年代，建有三層騎樓，平屋頂。186 號為單邊樓，樓梯置於後方。

利東街（2004 年攝）

俗稱喜帖街，昔日是印刷品製作及門市集中地，以印刷喜帖著名。因應重建計劃，業權於 2005 年復歸政府所有，2010 年開始重建，改作囍滙的商場和通道的一部分。

皇后大道東 262 至 264 號　灣仔街市（2004 年攝）

建於 1937 年，2008 年結束營業，設有舊型溝槽式廁所，是全港最後一個。2009 年拆卸後半部分以興建大廈，外殼及前半部分等四成半樓面面積保留用作商舖。

莊士敦道 60A 號至 66 號

建於 1920 年代，建有三層騎樓，樓頂是四樓的露台，雙坡瓦頂。

莊士敦道 60A 號、62 號、64 號和 66 號(2000 年前攝)

建於 1920 年代，樓高四層，建有三層騎樓，雙坡瓦頂，60A 號和 62 號共用一梯，其他獨立樓梯。上一代建築為海旁四幢單層無後巷的屋宇。1947 年，66 號被購入用作和昌大押，2003 年因重建遷出。66 號是單邊樓，有利防火防盜，64 號的樓梯貼在大押一邊，可防火勢蔓延。

莊士敦道 60A 號、62 號、64 號和 66 號(2004 年攝)

莊士敦道 108 號 (2000 年前攝)

1920 年代港府完成灣仔莊士敦道至告士打道填海，原有海旁的貨倉陸續重建為商住樓宇和街道，莊士敦道 108 號所處地段原為營房。莊士敦道 104 號至 114 號建成六幢四層高的屋宇，建有四層騎樓。1948 年，104 號和 106 號重建成四層高的唐樓，其後 110 號至 112 號重建成四層高唐樓，用作雙喜大酒樓。108 號騎樓沒有花飾，外型像莊士敦道 157 號，地舖曾是廣來冰室，近年則被租客翻新為多個面貌。

莊士敦道 130 至 136 號龍門大酒樓報紙檔 (2005 年攝，已拆卸)

過去港府曾發出不少報販牌，在酒樓外經營，例子有莊士敦道 130 號至 136 號，酒樓於 1946 年開業，於 2009 年結業，於 2012 年拆卸重建。

莊士敦道 157 號和 159 號
(2000 年前攝，已拆卸)

為 1920 年代新填地第一代樓宇，樓高四層，建有四層騎樓，沒有花飾，共用一梯，平屋頂。1943 年，馮良記表行購入物業，地舖為門市部，於 2020 年拆卸。

莊士敦道 157 號和 159 號（2004 年攝）

莊士敦道 276 號至 288 號

建於 1920 年代，建有四層騎樓，平屋頂。

軒尼詩道 19 號至 39 號

建於 1930 年代，建有四層騎樓，有轉角騎樓，平屋頂。

軒尼詩道 24 號至 34 號和莊士敦道 2 號至 12 號 (24-34 Hennessy Road and 2-12 Johnston Road)

建於 1920 年代，建有三層騎樓，樓頂是四樓的露台，較高兩排的四樓有鐵柵欄河，平屋頂。

Hennessy Road
軒尼詩道

軒尼詩道 235 號（2007 年攝，已拆卸）

建於 1920 年代，樓高四層，建有四層騎樓，立面沒有花飾，欄河由花瓶欄杆組成，於 2010 拆卸，最後租戶為書店。軒尼斯道 229 號至 267 號原有 20 幢同系列屋宇，立面沒有花飾但有後巷，這一帶新填地的屋宇多是這種類型。

軒尼詩道 369 號和 371 號　同德押（2005 年攝）

軒尼詩道 369 號和 371 號 同德押 (2000 年前攝，已拆卸)

建於 1930 年代，樓高四層，建有四層高的轉角騎樓，立面簡潔，部分柱頭有方天戟浮雕，樓頂腰線有齒列，是香港島最後一座有轉角騎樓的戰前華人屋宇，於 2015 年拆卸，同德押則遷往 367 號地舖繼續經營。

軒尼詩道 369 號和 371 號　同德押
(2004 年攝，已拆卸)

Lockhart Road
駱克道

駱克道 109 號和 111 號（2021 年攝）

建於 1930 年代，樓高四層，建有四層騎樓，後座有露台，平屋頂，立面簡潔，欄河由棒狀欄組成。87 號至 147 號 27 幢樓宇都是以這種形式興建，兩端都有轉角騎樓。昔日這街段酒吧林立，27 幢樓宇中便找到十間酒吧或無上裝夜總會。

堅拿道東與軒尼詩道交界電車配電箱（2007 年攝）

堅拿道東與軒尼詩道交界電車配電箱，配置 197A 柱子，2020 年被新款電箱替換。背景的灣仔消防局建於 1941 年，是仍在運作的最古老消防局。

勿地臣街與禮頓道交界電車配電箱（2005 年攝）

戰前古典電車配電箱，配置 501B 柱子，於 2020 年被拆走。

駱克道 197 號（2000 年前攝，已拆卸）

建於 1930 年代，樓高四層，轉角騎樓亦是四層，立面簡潔，平屋頂，為東華三院的資產，以放租形式為院方帶來收入，地舖曾用作酒吧，於 2000 年拆卸。

駱克道 284 號和 286 號（2000 年前攝）

建於 1930 年代，樓高四層，建有四層騎樓，立面簡潔，平屋頂，欄河由雙酒瓶欄杆組成。當年 272 號至 286 號八幢屋宇以兩屋共用一梯形式興建，272 號有轉角騎樓。這一街段是裝修材料中心。

告士打道 123 號　灣仔警署（2000 年前攝，已拆卸）

建於 1932 年，2010 年灣仔警署遷往位於軍器廠街 1 號的香港警察總部內，此處計劃改建為國際調解院總部，宿舍則於 2011 年拆卸。

謝斐道 163 號（2025 年攝）

樓高四層，樓面呈「b」字形，有獨立樓梯，每層分左右兩段，第二段要通過與梯段一樣長的平台到第三段，天台略呈雙坡形式去水，二樓至四樓有露台，有天橋連接後座廚廁，附着的一部分成了後座的露台。

李節街（2000 年前攝）

1991 年，李節街 17 座戰前屋宇被列為危樓，由土地發展公司重建。現址闢出一些地方做小公園，在原來 6 號至 20 號的位置上豎立仿照原址三幢樓宇前壁和外廊的複製品。

Jaffe Road
謝斐道

Ship Street
船街

船街 18 號（2000 年前攝）

建於 1937 年，樓高三層，樓面呈矩形，二樓和三樓有淺窄露台，戰後翻新時改為簡約風格。2002 年由港府購入，活化後做了食肆，灰塑「合源建築公司」被招牌遮蔽，但保留地主神位。

太原街 18 號（2019 年攝）

建於 1930 年代，樓高四層，樓面呈「d」字形，有獨立樓梯，二樓至四樓露台鐵柵已拆除，成為屋簷，後座露台亦已拆除。地舖用作日昇玩具長達三十年，於 2024 年 9 月 18 日光榮結業。太原街又稱玩具街，日昇玩具是首間在該處開業的玩具店。

船街 55 號（2000 年前攝）

南固臺建於 1918 年，樓高兩層，是富商杜仲文的大宅，建有西式拱形陽台和圓柱磚牆，屋外有涼亭和荷花池，因部分外牆以紅磚砌成，故又稱紅屋。日佔時此處用作慰安所，香港重光後空置，於 1988 年轉手。

Stone Nullah Lane
石水渠街

石水渠街 72 號、72A 號、74 號和 74A 號（2000 年前攝）

建於 1922 年，樓高四層，鋼筋水泥建造，二樓至四樓有外廊，兩幢樓宇共用一條木製直樓梯。1990 年代，港府購入其中三幢，把外牆塗上藍色，故稱藍屋。2010 年後 74A 號也被購入，但色調未改。

石水渠街 72 號至 90 號

建於 1920 年代初，雙坡屋頂，較低位置的一組二樓至四樓有鐵柵外廊，中央的一組外廊圍欄為水泥通花，最高的一組外廊則用水泥圍欄。

慶雲街 2 號至 8 號（2000 年前攝）

建於 1928 年，是兩組一梯共用的樓宇，樓高三層，雙坡瓦頂，有狹窄的內廊，但已被圍封。2 號和 4 號樓頂有三角山牆，6 號和 8 號在地下頂楣有三角線條，二樓為大拱券，兩組樓房欄河都有西式圖案點綴。港府把屋宇收回後，把外牆髹上粉黃色，故稱黃屋。

慶雲街 3 號（2019 年攝）

建於 1930 年代，樓高三層，樓面呈矩形，二樓有象徵式淺窄的一呎露台，已被圍封，三樓建於樓宇平面的中段部分。3 號至 9 號四幢屋宇原是同一系列，有後巷，5 號至 9 號於 1974 年完成重建。

景星街 8 號（2004 年攝）

建於 1957 年，樓高四層，有獨立樓梯，每層分左右兩段，二樓至四樓露台鐵柵已被拆除，成為屋簷。港府把屋宇收回後油上橙色，故稱橙屋。2 號至 8 號原有四幢戰前屋宇，樓面進深由 2 號至 8 號漸漸伸長，戰後 2 號至 6 號拆卸後空置，現用作藍屋空地。

吉安街 9 號（2014 年攝）

建於 1915 年，港府在灣仔填海後，將沒有後巷背貼背的屋宇重建為第二代華人屋宇和後巷。吉安街 9 號大約在這時建成，樓高四層，二樓和三樓的露台已被圍封，地下立面有三道拱券，一個拱券作為樓梯口。

灣仔道 75 號（2014 年攝）

建於 1951 年，樓高四層，二樓至四樓建有淺窄的鐵柵露台，樓面呈「b」字形，地舖曾用作腐竹廠、生果店、中藥店、成衣店和士多等。

灣仔道 91 號（2004 年攝）

建於 1924 年，樓高四層，樓面呈矩形，採用木樓板，樓梯設在後方。二樓至四樓的鐵柵露台已被鋁窗圍封，圍欄均有「振安大押」字樣，兩旁有扇形的防盜欄，雙坡瓦頂已被瓦通鐵片替代。物業原由灣仔道 85 號其源押遷入使用，東主為「當舖大王」李右泉，1926 年物業轉手，1943 年再轉手，1940 年代易名「振安大押」，1963 年被「當押業鉅子」羅裕積的家族收購。

巴路士街 6 號至 12 號（2005 年攝）

建於 1920 年代，2 號至 12 號六幢屋宇為同一系列，樓高四層，二樓和三樓有鐵柵外廊，廊頂成為四樓的露台，兩幢樓宇共用一條木製直樓梯，雙坡屋頂。2006 年由港府購入，把外牆塗上綠色，故稱綠屋。2011 年活化後只保留臨街三分一部分和外廊。收購前地舖大多是五金舖。

茂蘿街 1 號至 11 號

建於 1920 年代，二樓和三樓有鐵柵外廊，廊頂成為四樓的露台。

Mallory Street
茂蘿街

茂蘿街 1 號至 11 號（2000 年前攝）

建於 1920 年代，1 號至 11 號六幢屋宇為同一系列，樓高四層，與巴路士街 2 號至 12 號由同一發展商同期興建，模式一樣。2006 年由港府購入，把外牆塗上綠色，也稱綠屋。2011 年活化後只保留臨街三分二部分和外廊。

茂蘿街 1 號至 11 號（2005 年攝）

史釗域道 6 號（2000 年前攝）

建於 1920 年代，樓高四層，建有四層騎樓，二樓至四樓側邊有長露台，樓梯設於中段，樓面「鎖匙」形，沒有後巷。千年禧年時地舖是東成食店，其後為喜喜燒臘小廚茶餐廳。2017 年空置，2018 年翻新，2023 年用作高級餐廳，供應北歐菜系。

史釗域道 6 號（2004 年攝）

摩利臣山道 2 號至 6 號

建於 1930 年代，二至四樓為水泥外廊，兩屋共用一梯，平屋頂。

路線 Ⓓ 港島東線

跑馬地的樓宇主要是洋樓或花園洋房，與堅道的洋樓和洋房差不多，成和道 9 號和 11 號是一座戰前樓宇，建有懸臂式騎樓，鳳輝臺、山村道、毓秀街等建有連排的洋樓。

1941 年銅鑼灣的海岸線為高士威道，興發街至現今海岸線。北角海岸線為現今和富道以北的海岸線接渣華道至健康西街，再接英皇道至糖廠街，太古灣道轉康祥街至永安街。銅鑼灣道之後出現騎樓和洋樓，軒尼詩道亦以騎樓為主，設計簡約，怡和街、渣甸坊、伊榮街和敬誠街一帶為華人屋宇。1920 年代利希慎家族開發利園山，興建帶有露台的樓房或洋樓及利舞臺。大坑是住宅區，建有聖馬利亞堂。虎豹別墅是香港唯一免費開放私人花園給大眾遊樂的豪華府第。

英皇道在 1934 年開闢並於翌年命名，電車路由電氣道改行英皇道，電氣道的樓宇建有淺窄的露台，英皇道的樓宇則建有騎樓，戰後 1950 年代唐樓建有騎台，在 1955 年新《建築物條例》頒佈前，仍有不少附建騎樓樓宇落成，例如英皇道 483 號至 497 號（1986 年重建成東寶大廈）。1960 年代初港府重新發展北角，規劃英皇道兩旁樓宇重建成 20 層左右的高樓大廈，1997 年時，只有英皇道 39 號一間有騎樓和露台的樓宇，而柱腳是圓柱形的。

筲箕灣包括西灣河，1941 年筲箕灣的海岸線由永安街、興民街、海晏街至筲箕灣道，南安街、東喜道至阿公岩村道，樓宇主要沿筲箕灣道興建，包括西灣河街，都是二至三層高、建有露台的華人屋宇，或是一至兩層高的雙坡頂房屋。筲箕灣道自現今筲箕灣警署至聖十字徑一段樓宇主要建在近山的一邊，警署至街市一段樓宇建有淺窄的露台，但街市至聖十字徑一段，有一些樓宇有騎樓，有些樓宇建有露台，互相交插，不是清一色騎樓或露台，為其他地區少見。現存的戰前樓宇有西灣河街 118 號、120 號和 141 號。當時筲箕灣道北邊太祥街至太安街有八排洋樓，是太古船塢員工宿舍。

香港仔於 1920 年代進行填海以興建住宅和發展社區，填海後所建的華人屋宇建有懸臂式外廊，住宅分佈於香港仔大道東邊、湖南街和湖北街之間、東勝道西邊、西安街北邊和香港仔十五間，香港仔大道北邊則為獨立露台的洋樓，這些華人屋宇已拆卸重建。赤柱有傳統形式的華人屋宇，但社區設施例如警署、郵局、街市、醫局和學校都很齊備。

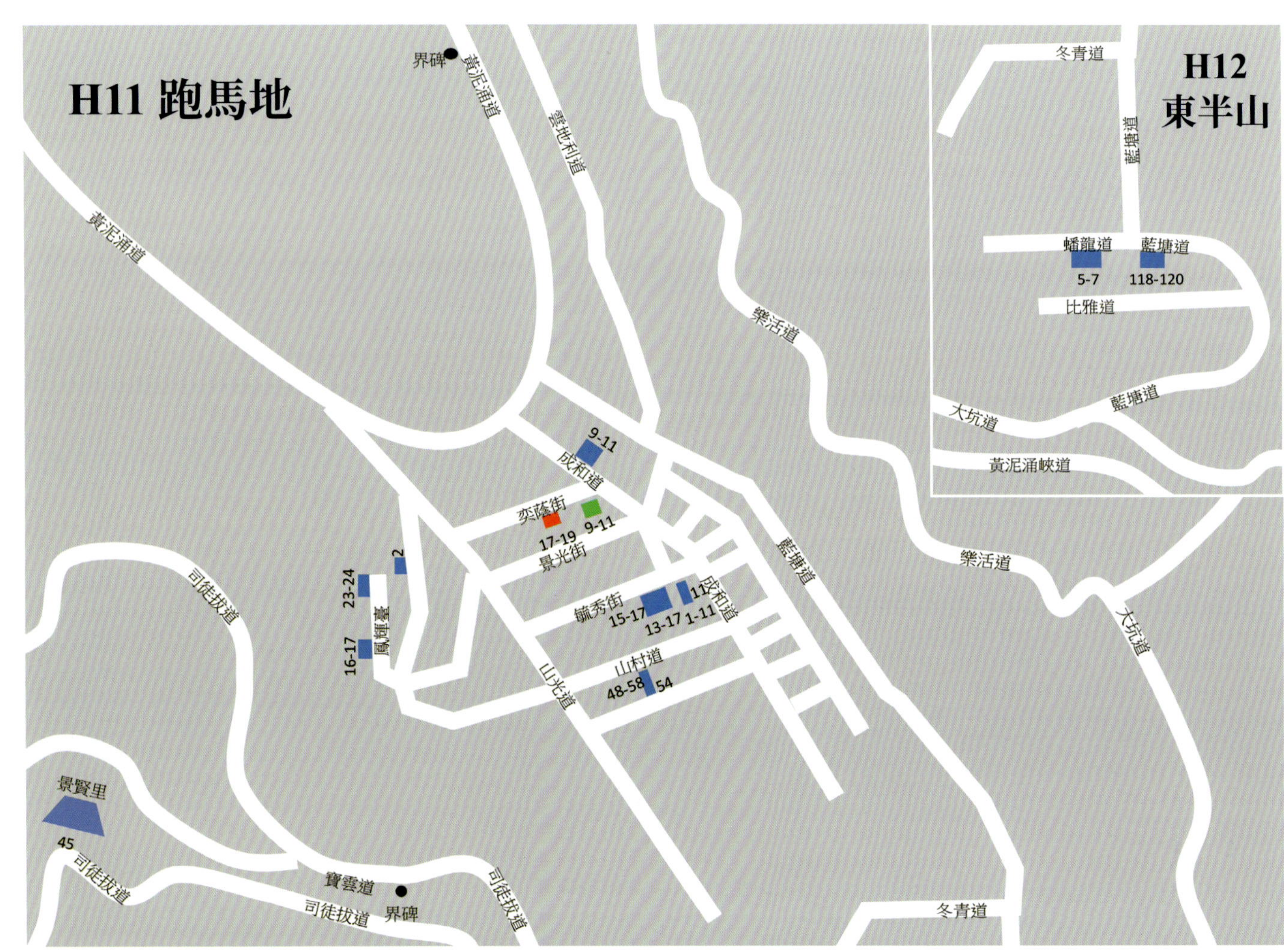
H11 跑馬地
界碑
黃泥涌道
雲地利道
黃泥涌道
樂活道
9-11
成和道
奕蔭街
17-19
9-11
景光街
2
23-24
16-17
鳳輝臺
司徒拔道
山光道
15-17
13-17
1-11
11
成和道
山村道
48-58
54
藍塘道
樂活道
大坑道
景賢里
45
司徒拔道
寶雲道
界碑
司徒拔道
司徒拔道
冬青道
H12
東半山
冬青道
藍塘道
蟠龍道
藍塘道
5-7
118-120
比雅道
大坑道
藍塘道
黃泥涌峽道

H10 銅羅灣

告士打道
謝斐道
駱克道
馬師道
軒尼詩道
堅拿道
波斯富街
百德新街
記利佐治街
軒尼詩道
渣甸街
15-31
糖街
怡和街
伊榮街
3-5
邊寧頓街
銅鑼灣道
369-371
電箱
天樂里
寶靈頓街
堅拿道西
堅拿道東
羅素街
6
波斯富街
灣仔道
2-6
霎東街
勿地臣街
霎東街
禮頓道
7-33
希雲街
耀華街
電箱
禮頓道
摩理臣山道
禮頓道
加路連山道
摩理臣山道
黃泥涌道

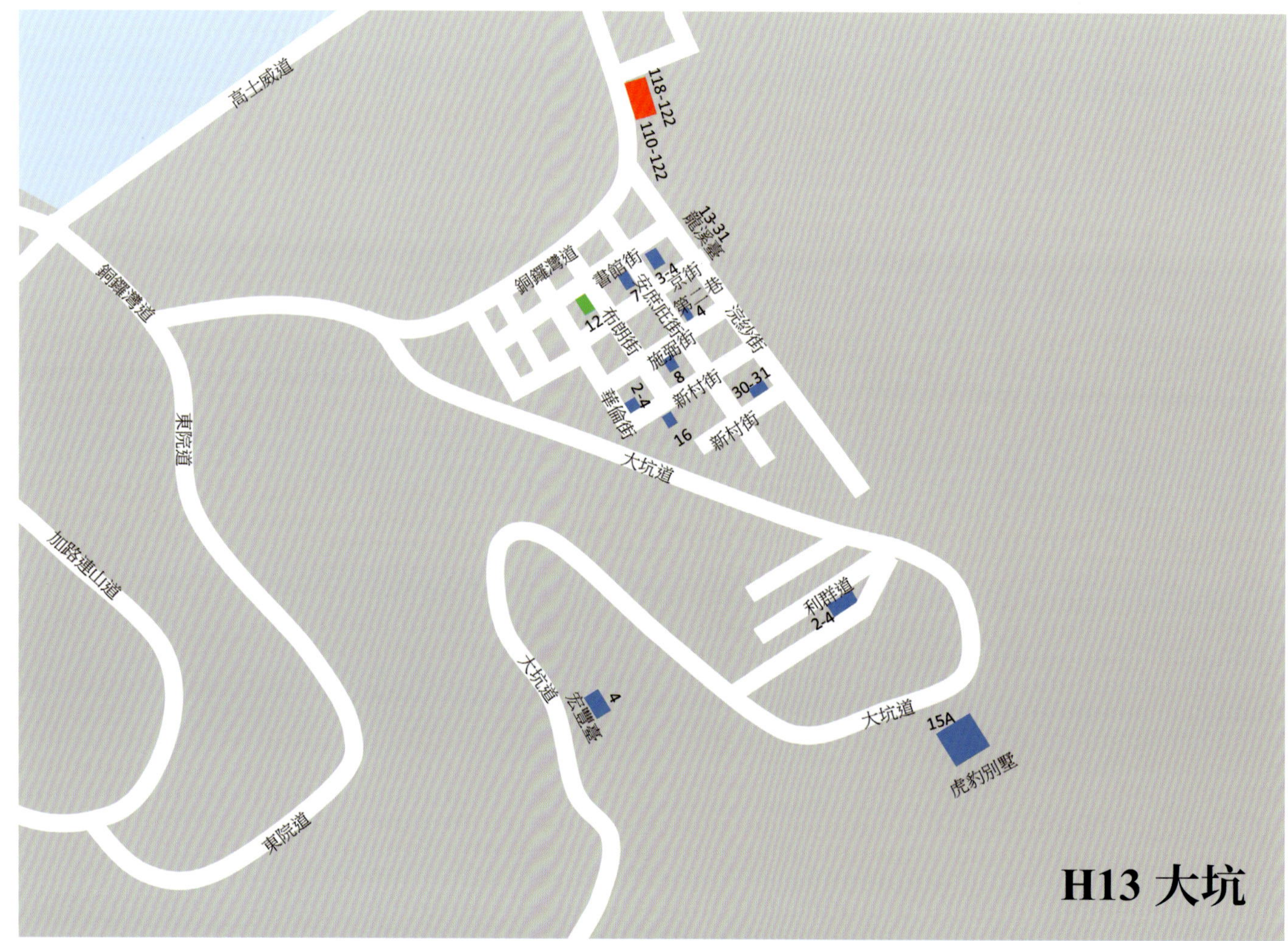
高士威道
118-122
110-122
13-31
龍溪臺
銅鑼灣道
書館街
3-4
京街
第二巷
7
4
12
布朗街
安庶庇街
施弼街
浣紗街
8
2-4
華倫街
新村街
30-31
16
新村街
大坑道
東院道
加路連山道
利群道
2-4
大坑道
4
宏豐臺
大坑道
15A
虎豹別墅
東院道
H13 大坑

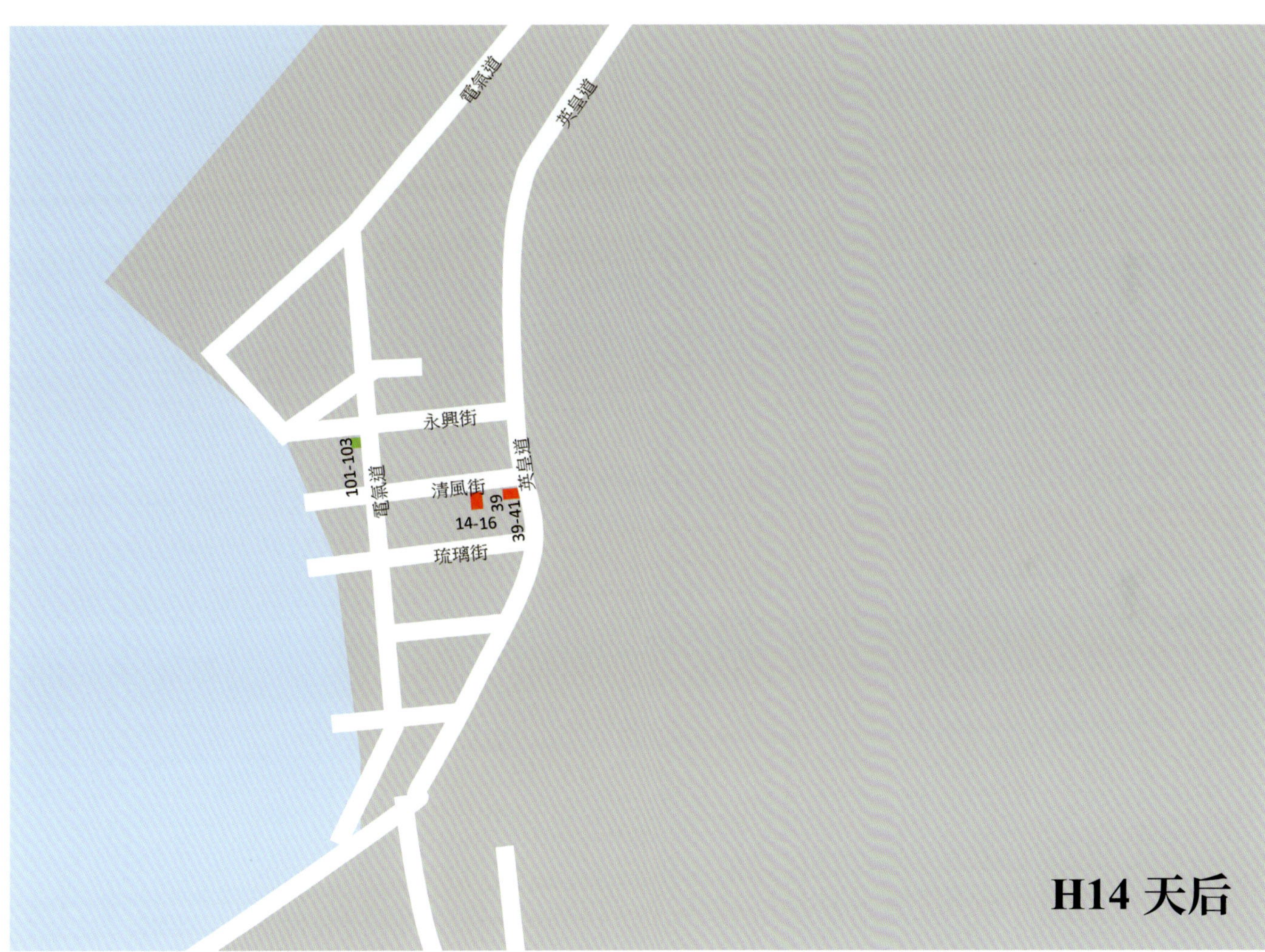
電氣道
英皇道
永興街
101-103
電氣道
清風街
14-16
39
39-41
英皇道
琉璃街
H14 天后

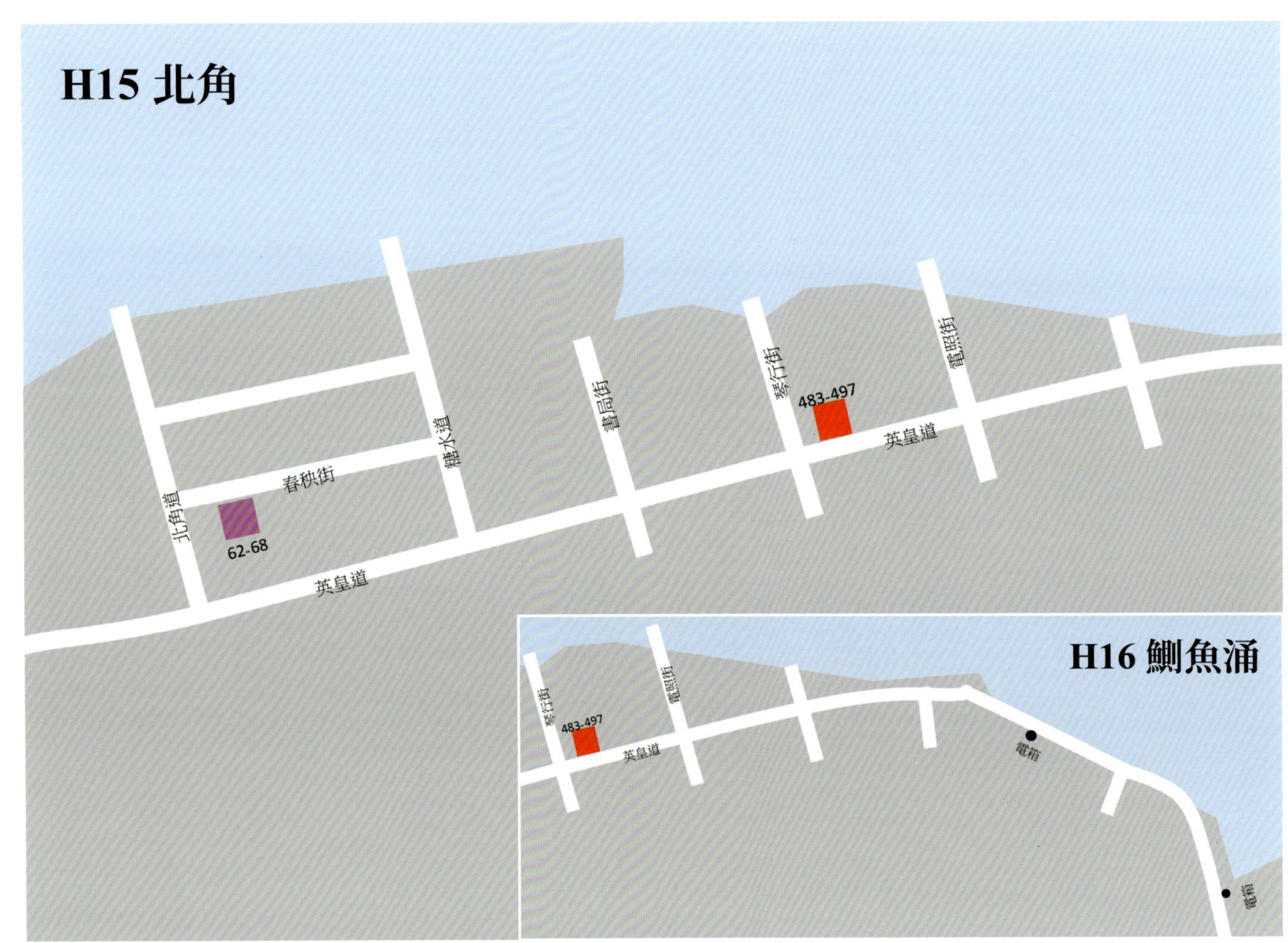
H15 北角
北角道
春秧街
62-68
英皇道
糖水道
書局街
琴行街
483-497
英皇道
電照街
H16 鰂魚涌
琴行街
電照街
483-497
英皇道
電箱
電箱

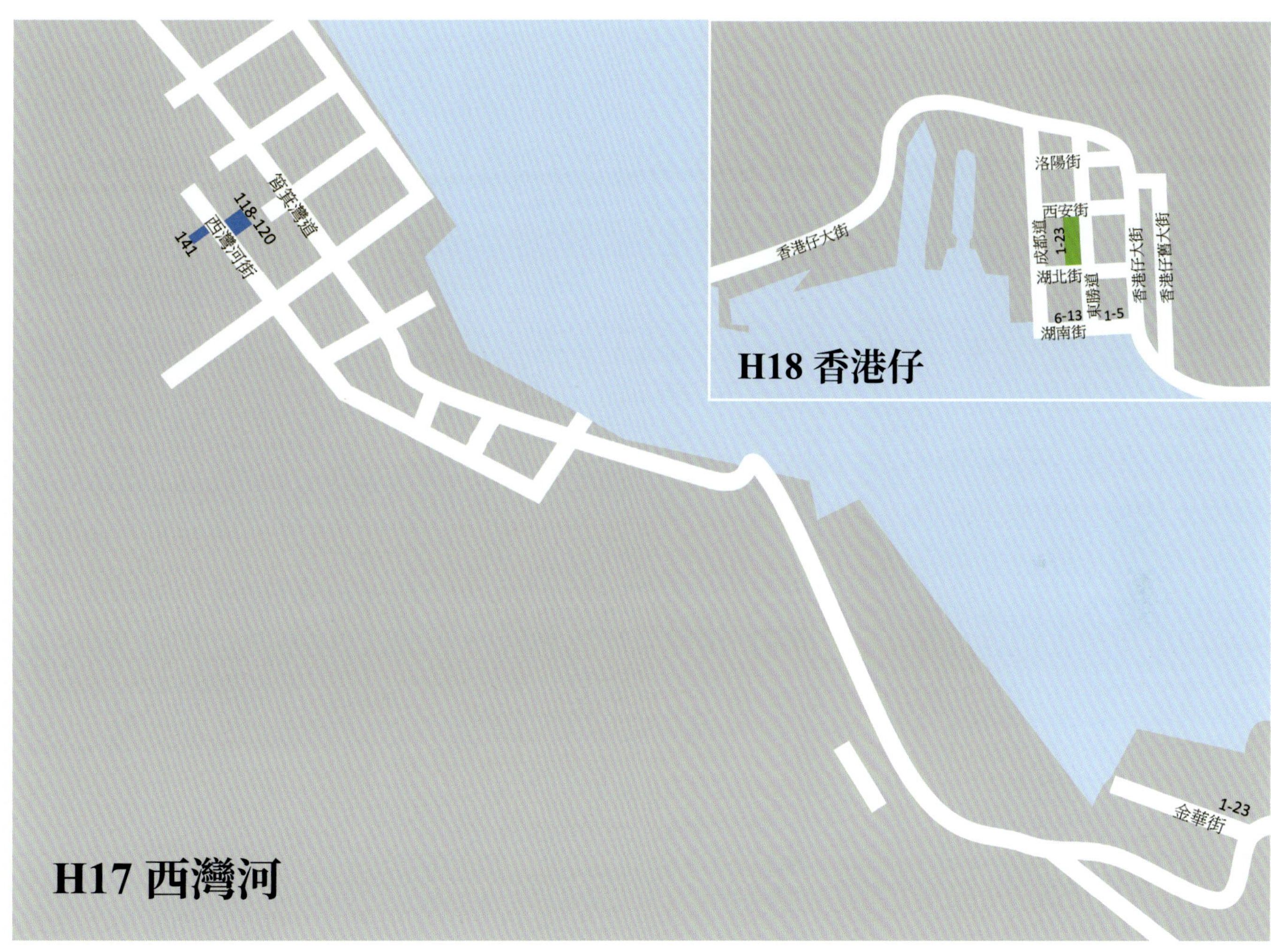
H17 西灣河
筲箕灣道
西灣河街
118-120
141
H18 香港仔
香港仔大街
洛陽街
西安街
成都道
1-23
湖北街
東勝道
6-13
1-5
湖南街
香港仔大街
香港仔舊大街
金華街
1-23

黃泥涌道 維多利亞城界碑（2004 年攝）

位於黃泥涌道聖保祿天主教小學對面。

鳳輝臺 2 號（2025 年攝）

建於 1920 年代，當時跑馬地黃泥涌道以南被規劃只可興建富歐洲風格的建築物，高度不能超過 35 呎。鳳輝臺、山村臺和黃泥涌道 1A 號至 29 號是最先建成的洋樓。鳳輝臺 1 號至 24 號 26 幢洋樓皆樓高三層，原為歐洲新喬治亞風格，立面有豐富裝飾，設有露台、內廊和後樓梯 / 傭人樓梯。

鳳輝臺 16 號和 17 號（2018 年攝）

鳳輝臺 23 號和 24 號（2018 年攝）

成和道 9 號和 11 號（2025 年攝）

建於 1930 年代，樓高四層，一梯共用，平屋頂，二樓至四樓為露台，現已被圍封，欄河留有裝飾藝術風格的幾何圖案。千禧年時，地舖是小廚、餐廳或冰室。

奕蔭街 17 號和 19 號（2006 年攝，已拆卸）

建於 1930 年，樓高四層，平屋頂，一梯共用，每層分左右兩段。有裝飾藝術風格元素，每幢的二樓至四樓有露台，欄河有倒三角開孔配扭花鐵枝，窗欄配置扭花鐵枝，於 2010 年拆卸。

毓秀街 1 號至 11 號

建於 1930 年，為裝飾藝術風格，二樓和三樓有露台，兩屋共用一梯。

毓秀街 11 號（2000 年前攝）

建於 1930 年，樓高三層，有裝飾藝術風格元素，背後有露天傭人樓梯。1 號至 11 號六幢屋宇原是同一系列，兩屋共用一梯。2012 年活化前，地舖是超市、酒家、家品店、生果店和米舖。

Yuk Sau Street
毓秀街

毓秀街 13 號至 17 號

建於 1932 年，13 號和 15 號是古典復興風格，二樓和三樓有露台，17 號為裝飾藝術風格，二樓和三樓有露台。

毓秀街 15 號（2000 年前攝）

建於 1932 年，樓高四層，有古典復興風格元素，二樓和三樓有露台，外牆紅磚配以粉綠色露台，背後有傭人樓梯，地下是車房。原與 13 號為同一設計，但左右倒轉，後者於 1976 年重建成大廈。

毓秀街 17 號（2000 年前攝）

建於 1932 年，樓高三層，樓面呈「d」字形，立面簡約，有灰塑線條。2010 年拆走二樓和三樓露台，2022 年重建露台，獨立樓梯每層分左右兩段，後座亦內置傭人樓梯。原與背後山村道 33 號屬同一系列，但 33 號左右倒轉，1990 年與相鄰屋宇重建成大廈。

山村道 48 號至 58 號

建於 1925 年，為裝飾藝術風格，兩屋共用一梯，臨街各有車房及其頂部的花園。

山村道 54 號（2004 年攝）

建於 1925 年，樓高三層，有裝飾藝術風格元素，原與 52 號組成兩屋共用一梯，臨街各有車房及其頂部的花園，後座有傭人樓梯。山村道 46 號至 58 號原有七幢同一系列的洋樓。

Village Road
山村道

藍塘道 118 號和 120 號（2015 年前攝）

1939 年至 1941 年間，余仁生創辦人余東旋在蟠龍道對上地臺興建了五組包浩斯式住宅，每組兩個街號，樓高三層，平屋頂，一梯共用，外型多用曲線和橫線、圓窗，二樓和三樓有橫向大露台和大雨簷。位置是現今藍塘道 126 號至蟠龍道 9 號，1960 年代街號為藍塘道 41 號和 42 號、38 號和 40 號、蟠龍道 1 號和 3 號、5 號和 7 號、9 號和 11 號，當中 5 號和 7 號設計是左右倒轉。

蟠龍道 5 號和 7 號（2025 年攝）

司徒拔道 45 號（2000 年前攝）

景賢里建於 1937 年，主樓高三層，樓面像北斗七星組成的星斗，有很多傳統中式建築元素，為中式文藝復興建築風格，於 2008 年被列為法定古蹟。

雲東街 6 號（2025 年攝）

建於 1920 年代中期，樓高三層，樓面呈「b」字形，二樓至四樓原有露台，已被拆除，立面圍封。2 號至 8 號四幢屋宇原是同一系列，兩屋共用一梯。6 號原有的露台深度，與兩旁屋宇上層伸出行人路的距離相同。

邊寧頓街 3 號和 5 號（2000 年前攝）

建於 1951 年，為戰後唐樓，樓高四層，一梯共用，樓梯口設在 5 號側邊，是第四代華人屋宇。二樓至四樓建有露台，四樓露台較為淺窄，每層的欄河曾經髹上「德興大押」字樣，樓頂有座傳統的飛檐翹角涼亭。3 號地舖為德興大押，於 1951 年開業。

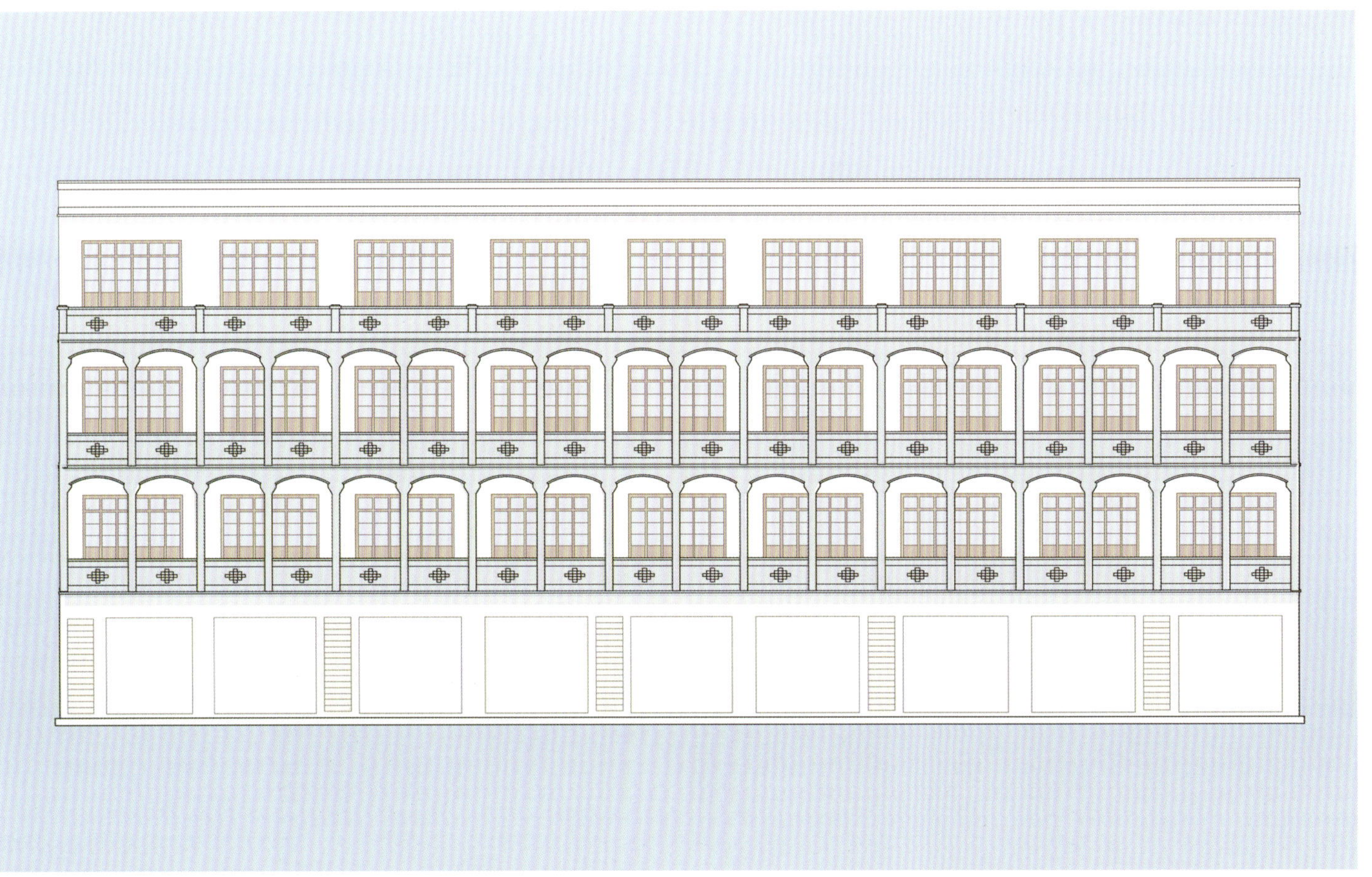

糖街 15 號至 31 號

建於 1920 年代，二樓和三樓為水泥外廊，廊頂是四樓的露台，平屋頂。

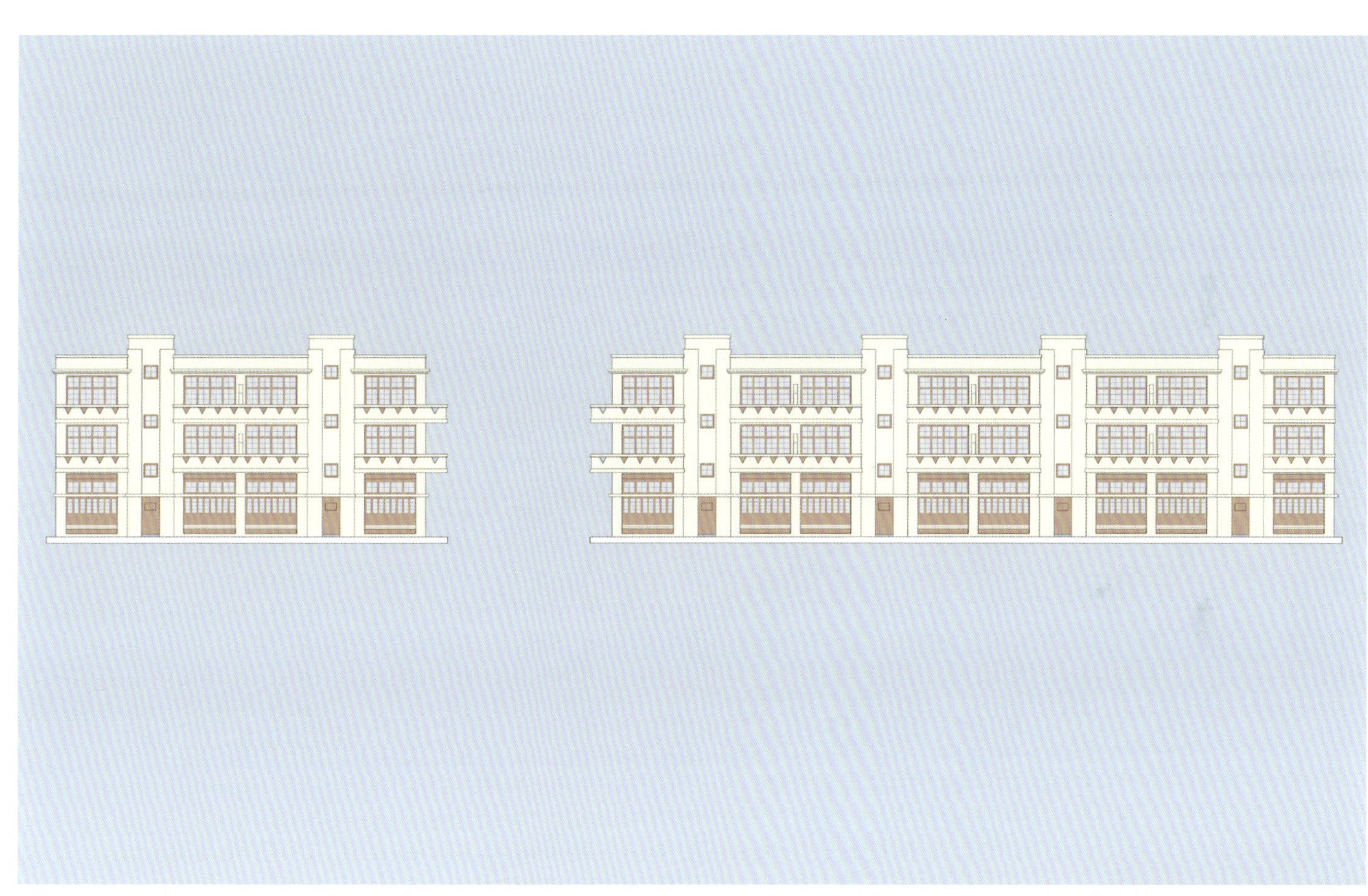

希雲街 7 號至 33 號

建於 1930 年代，為裝飾藝術風格，二樓和三樓是露台，兩屋共用一梯，平屋頂。

銅鑼灣道 118 號至 122 號（2000 年前攝，已拆卸）

估計建於 1920 年代，於 2000 年代中期拆卸。與 110 號至 116 號原是同一系列屋宇，除 120 號和 122 號是四層高和四樓有露台外，其他屋宇是三層高，七幢樓宇正面都有兩層高的騎樓，欄河由雙酒瓶欄杆組成，樓面為矩形。122 號有突出的後座，側邊二樓和三樓有露台。110 號樓面則為橫向，有獨立樓梯，其他則為兩樓一梯。

銅鑼灣道 118 號至 122 號（2004 年攝）

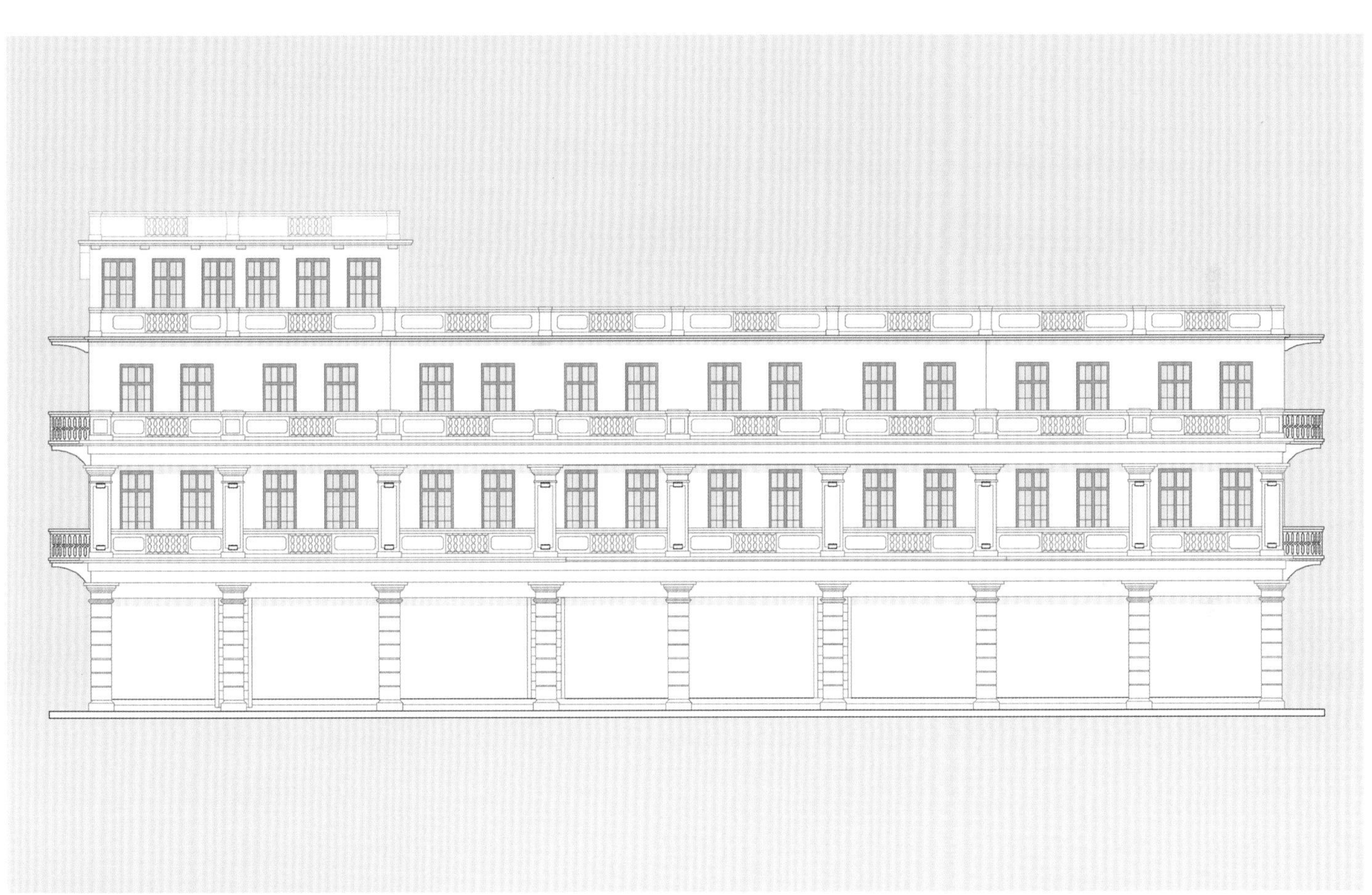

銅鑼灣道 110 號至 122 號

建於 1920 年代，為古典建築風格，建有兩層騎樓，樓頂是三樓的露台，當中兩幢的四樓後縮，側邊有露台。

書館街 3 號和 4 號（2006 年攝）

4 號建於 1930 年代，樓高三層，內有閣仔，三樓建於中段位置，平屋頂，有鐵架露台和木窗框，樓頂中央有裝飾藝術風格的裝飾。3 號外型與 4 號相似，但建於 1952 年，於 2015 年時用作髮型屋，也是音樂人的聚腳處。

書館街 3 號和 4 號（2014 年攝）

書館街 7 號（2004 年攝）

估計建於 1900 年代，樓高兩層，雙坡頂，有淺窄的露台和屋簷，現況是露台已被拆去，正面二樓牆面改為一列鋁窗，屋頂改為平頂，並有雙坡瓦通鐵板遮蓋。

書館街 12 號（2004 年攝）

原址是孔聖義學，於 1949 年重建為大坑學校，於 1978 年停辦。於 1984 年至 1999 年用作孔聖會維多利亞英文小學。於 2007 年至 2014 年間供東區文義協進會使用。於 2022 年活化成大坑火龍文化館。

第二巷 4 號（2004 年攝）

建於 1930 年代，樓高三層，平屋頂，有古典建築元素，外牆塑有石面槽線，中央有凸肚內廊，欄河和山牆以裝飾藝術風格的三角線條裝飾。地舖原是汽車維修店，2010 年後轉了多個租戶，地下外牆也換了多次色彩，於 2024 年換走了木窗。

施弼街 8 號（2004 年攝）

估計建於 1900 年代，樓高兩層，雙坡頂，有淺窄的露台和弧形屋簷，現況是露台已被拆去，由較短的鐵柵露台替代，閣樓僭建出了行人路上，屋頂改為平頂，往上再僭建了一層。

新村街 16 號（2021 年攝）

估計建於 1900 年代，樓高兩層，雙坡頂，原有淺窄的露台和屋簷，2010 年代中期翻新重置鐵柵露台，並用作咖啡店，2025 年露台消失。

新村街 30 號和 31 號（2004 年攝）

建於 1890 年代中期，為港府重新規劃為新村大坑村的傳統中式村屋，每間正面只有一個麻石門框，有窗，背面地下和閣樓各有一個窗。牆以毛石築砌，配以雙坡瓦頂。2014 年時，30 號是咖啡機店和工作坊，31 號是主題餐廳。

龍溪臺 13 號至 31 號

建於 1930 年代，為古典建築風格，外牆塑有石面槽線，二樓和三樓有露台，雙坡屋頂。

華倫街 2 號和 4 號（2006 年攝）

估計建於 1910 年代，樓高兩層，以麻石築建外牆，雙坡頂，二樓後面開有拱形門窗通往地下天台，地舖為汽車維修店，二樓是辦事處。千禧年時，大坑已是汽車產品和維修店的集中地，汽車產品和維修店有超過二十間，以新村街最多，還有很多茶餐廳，現在已被高級餐飲和咖啡店逐步取代。

利群道 2 號、3 號和 4 號（2004 年攝）

建於 1933 年，樓高兩層，有地庫車房，平屋頂，二樓建有露台，外牆塑有石面槽線，露台和簷篷塑有凸起的線條，後面另有露天的傭人樓梯。利群道 3 號和 4 號建於 1933 年，樓高三層，有地庫車房，平屋頂，一梯共用，外設拱形簷篷和拱窗，兩旁有凹陷位作為天井並建有露台，外牆塑有石面槽線，後面各有露天的傭人樓梯。

利群道 2 號（2000 年前攝）

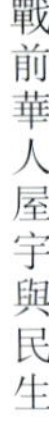

大坑道 15A 號 虎豹別墅（2000 年前攝）

於 1935 年建成，樓高三層，為現代建築，樓面像一隻老虎的側面剪影，有很多傳統中式的建築元素。

Tai Hang Road
大坑道

宏豐臺 4 號（2025 年攝）

估計建於 1930 年代後期，樓高三層，樓面呈「L」形，有裝飾藝術風格元素，牆面有橫向坑紋，南端有凸出的半筒形小樓，連接二樓和三樓的圓角大露台，部分牆面有獨立露台，於 2025 年翻新出租。

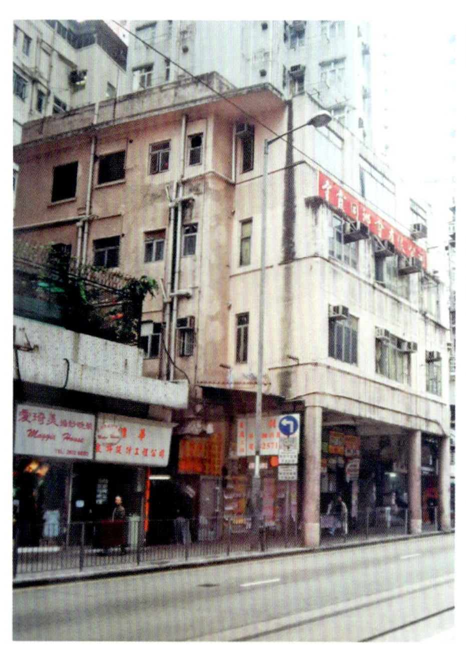

英皇道 39 號 (2004 年攝，已拆卸)

建於 1930 年代後期，隨着 1935 年英皇道啟用後興建，原與 41 號共用前梯和後梯，兩旁有凹陷位作為天井，有後巷，二樓至四樓有斜角露台，四樓露台較窄，二樓露台有圓柱支撐，設計非常少見。41 號於 1989 年完成重建，39 號則於 2019 年拆卸。

英皇道 39 號至 41 號

King's Road
英皇道

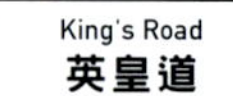

建於 1930 年代，二樓至四樓有斜角露台，四樓露台較窄，二樓露台有圓柱支撐，非常少見。

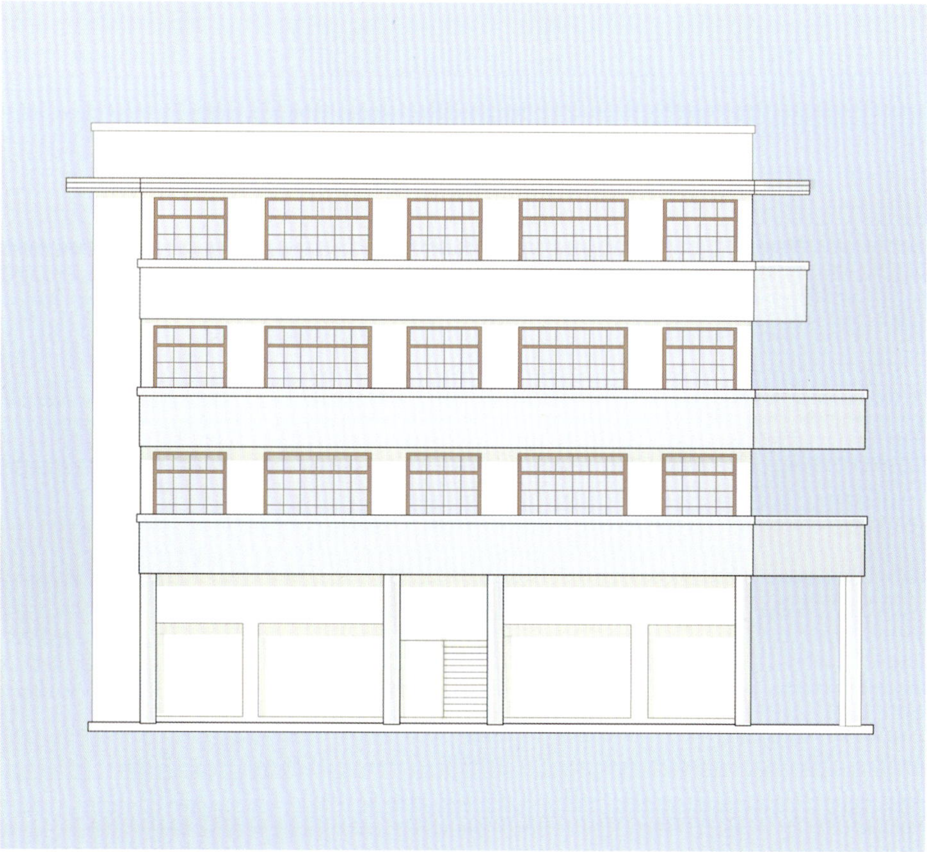

清風街 14 號和 16 號（第一條柱旁）（2004 年攝，已拆卸）

建於 1930 年代後期，於 2010 年拆卸。樓高四層，一梯共用，每層分左右兩段。除了梯座，每層建有露台，1969 年因興建清風街行車天橋時被拆除。清風街 2 號至 20 號十幢屋宇原是同一系列。

電氣道 101 號和 103 號（2025 年攝）

建於 1957 年，樓高六層，一梯共用，每層建有獨立露台。1970 年因擴寬永興街路面，103 號要拆走露台，前座樓面被削去一角，地鋪成為行人路，但有支柱承托樓層，在梯旁外牆仍可看到各層橫樑的斷口。英皇道未開闢前，電車是走電氣道。

春秧街 62 號至 68 號（2004 年攝，已拆卸）

建於 1950 年，樓高四層，是該地段第一代建築，兩屋共用一梯，二樓至四樓建有露台，於 2016 年拆卸。1930 年代，福建籍華僑郭春秧最先在新填地建成了春秧街單數街號 40 間樓宇。1953 年，電車公司在糖水道設立總站，在春秧街鋪設路軌入站，因為街道是市集，每當電車駛進時，人潮和攤販要退向兩邊。

英皇道 483 號至 497 號

建於 1930 年代，建有四層騎樓，立面簡約，兩屋共用一梯，平屋頂。

英皇道 729 號　電車配電箱（2005 年攝）

2024 年 1 月仍可見到英皇道 729 號電箱，配置 311A 柱子，是戰前古典電車配電箱。

英皇道 953 號　電車配電箱（2005 年攝）

此為戰前古典電車配電箱，配置 501B 柱子，於 2000 年被拆走。筲箕灣道 127 號古典電箱配置 383 柱子，則於 2010 年被拆走。

西灣河街 118 號和 120 號 (2018 年攝)

估計建於 1930 年代後期，樓高三層，一梯共用，二樓至四樓有露台，118 號地舖為酒行門市，120 號地舖為酒行的貨倉，兩舖打通。

西灣河街 141 號 (2007 年攝)

估計建於 1930 年代初期，樓高三層，樓面呈「d」字形，二樓和三樓有鐵柵露台，利用 139 號樓梯上落。139 號則於 1956 年重建成現貌。

東勝道 1 號至 23 號（2000 年前攝）

建於 1953 年，12 幢屋宇為同一系列，樓高四層，兩屋共用一梯，梯座立面為水泥格柵，原有非常淺窄的鐵柵露台，鐵柵早已拆除，露台的地台成了屋簷。

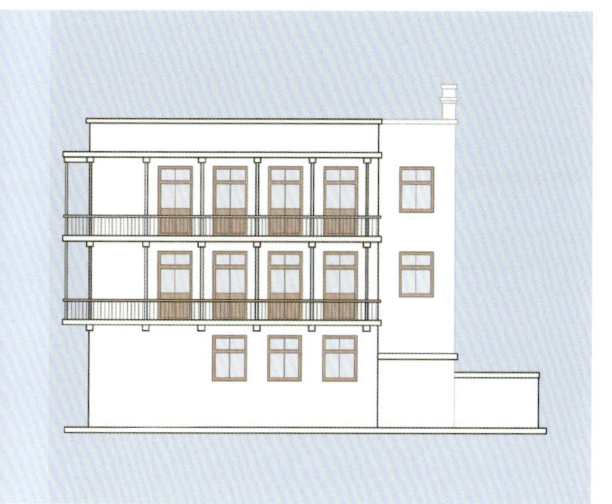

金華街 1 號至 23 號

建於 1920 年代，二樓和三樓有鐵柵外廊，平屋頂。

湖南街 1 號至 13 號

建於 1920 年代，二樓和三樓有水泥外廊，平屋頂。

第二章

九龍半島

Kowloon Peninsula

戰前華人屋宇漫遊

九龍半島戰前樓宇街號名錄

(「*」號表示樓宇已於本書完稿前拆卸，「o」號表示為香港法定古蹟，「#」號表示為一級歷史建築，「##」號表示為二級歷史建築，「###」號表示為三級歷史建築。歷史建築亦包括受保育的騎樓，以「*/##」或「*/###」表示。)

街名	街號
彌敦道	190 號 ##、729 號 ###
白加士街	95 號 * 和 97 號 *、103 號 * 和 105 號
廟街	3 號 * 和 5 號 *、235 號、257 號、259 號
砵蘭街	130 號 * 和 132 號 *、282 號、287 號、297 號
上海街	176 號 ### 和 178 號 ###、313 號、315 號、445 號 * 和 447 號 *、552 號 * 和 554 號 *、564 號 *、566 號 * 和 568 號 *、570 號 * 和 572 號 *、574 號 * 和 576 號 *、600 號 */## 和 602 號 */##、604 號 */## 和 606 號 */##、612 號 */## 和 614 號 */##、620 號 */## 和 622 號 */##、624 號 ## 和 626 號 ##、590 號 * 和 592 號 *、594 號 *
新填地街	197 號 * 和 197A 號 *、322 號 * 和 324 號 *、629 號 *
廣東道	538 號 *、540 號、554 號、578 號 ###、1129 號、1166 號 ### 和 1168 號 ###、1235 號 ###

街名	街號
佐敦道	3 號 *
山東街	53 號和 55 號
亞皆老街	8 號 * 和 10 號 *、23 號、32 號 *、34 號 *
旺角道	24 號
洗衣街	165 號
水渠道	18 號、20 號
鴉蘭街	6 號 ###
太子道西	177 號 ###、179 號 */###、190 號 ## 和 192 號 ##、194 號 ## 和 196 號 ##、198 號 ## 和 200 號 ##、202 號 ## 和 204 號 ##、210 號 ## 和 212 號 ##、380 號 *、412 號和 414 號、422 號 *、444 號 * 和 446 號 *、448 號 * 和 450 號 *
運動場道	1 號 ### 和 3 號 ###
汝州街	3 號、269 號 ###、271 號 ###
基隆街	5 號 * 和 7 號 *、26 號、33 號和 35 號、48 號 * 和 50 號 *、52 號 *、141 號、192 號 * 和 194 號 *

街名	街號
荔枝角道	109 號、119 號 °、147 號、167 號 ### 和 169 號 ###、264 號、386 號和 388 號
南昌街	88 號、117 號 ###、119 號 ### 和 121 號 ###、123 號 ### 和 125 號 ###、122 號
北河街	58 號 ##、111 號、141 號、181 號 * 和 183 號 *
欽州街	51 號 * 和 53 號 *
大埔道	54 號
青山道	301 號 ## 和 303 號 ##、454 號
元州街	75 號 ###、142 號
福榮街	62 號 ###
福華街	31 號、83 號和 85 號、133 號
長沙灣道	248 號
鴨寮街	86 號 * 和 88 號 *、96 號 *、187 號 ## 和 189 號 ##

街名	街號
大南街	173 號、185 號
醫局街	170 號 ##
衙前圍道	68 號
獅子石道	9 號和 9A 號、29 號 * 和 31 號 *
侯王道	1 號 ### 和 3 號 ###、17 號 *、21 號 * 和 23 號 *、29 號
衙前塱道	24 號 ###、44 號和 46 號、36 號和 38 號、50 號、62 號 * 和 64 號 *、66 號 *
南角道	3 號
龍崗道	8 號、9 號、16 號和 18 號
城南道	22 號、57 號和 59 號
打鼓嶺道	31 號
下鄉道	65 號 ###
馬頭圍道	344 號
譚公道	103 號 *

路線 Ⓔ 油尖旺線

1941 年尖沙咀西邊和南邊的海岸線和現在差不多，東邊海岸線是現在漆咸道東邊臨街的花園至加士居道位置。尖沙咀最早只有軍營、警署和碼頭倉庫，1900 年代才開發住宅區，受港島鼠疫影響，很多歐洲人（特別是葡國人）移居九龍半島。九龍街道較港島寬闊，尖沙咀彌敦道以西為歐人花園洋房和洋樓住宅區，華人樓宇在彌敦道以東。廣東道有騎樓，海防道有淺窄的外廊，北京道西段、漢口道和樂道是洋樓。彌敦道兩旁有騎樓，設計古典，一般都塑有花飾，拱券外廊和西洋柱式很常見。山林道的洋樓則於 1930 年代由遮打別墅的土地發展而來。1960 年代港府擴建啟德機場，由於九龍半島位處飛機航道，樓宇高度受到管制，新建的樓宇只有六至 14 層高，九龍城樓宇只有四層高。

油麻地是九龍半島最早開發的住宅區，位置在寶靈街至眾坊街、新填地街至彌敦道的範圍內。1900 年代，海岸線伸展至渡船街，原來的社區已重新規劃，社區伸展至界限街和柯士甸道。到了 1941 年，油麻地除了寶靈街至佐敦道之間的吳淞街和廟街建有露台外，當中廟街 235 號、257 號和 259 號仍然存在，其他地方所建的華人屋宇都有騎樓，設計亦很古典，一般都塑有花飾，拱券外廊和西洋柱式亦很常見。

旺角於 1900 年代填海後開始發展，海岸線為塘尾道，警署位於塘尾道柳樹街交界東北邊位置。1941 年，旺角的範圍包括界限街至登打士街，渡船街至火車路之間，所建的華人屋宇都建有騎樓，設計古典，一般都塑有花飾，拱券外廊和西洋柱式亦很常見，1930 年代的騎樓則較有裝飾藝術風格。

加連威老道
金馬倫道
74-90
海防道
1-28
17-27
66-72
河內道
漆咸道
樂道
彌敦道
麼地道
廣東道
北京道
漢口道
緬甸臺
中間道
尖沙嘴水警總部
九龍消防局
梳士巴利道
K1 尖沙咀

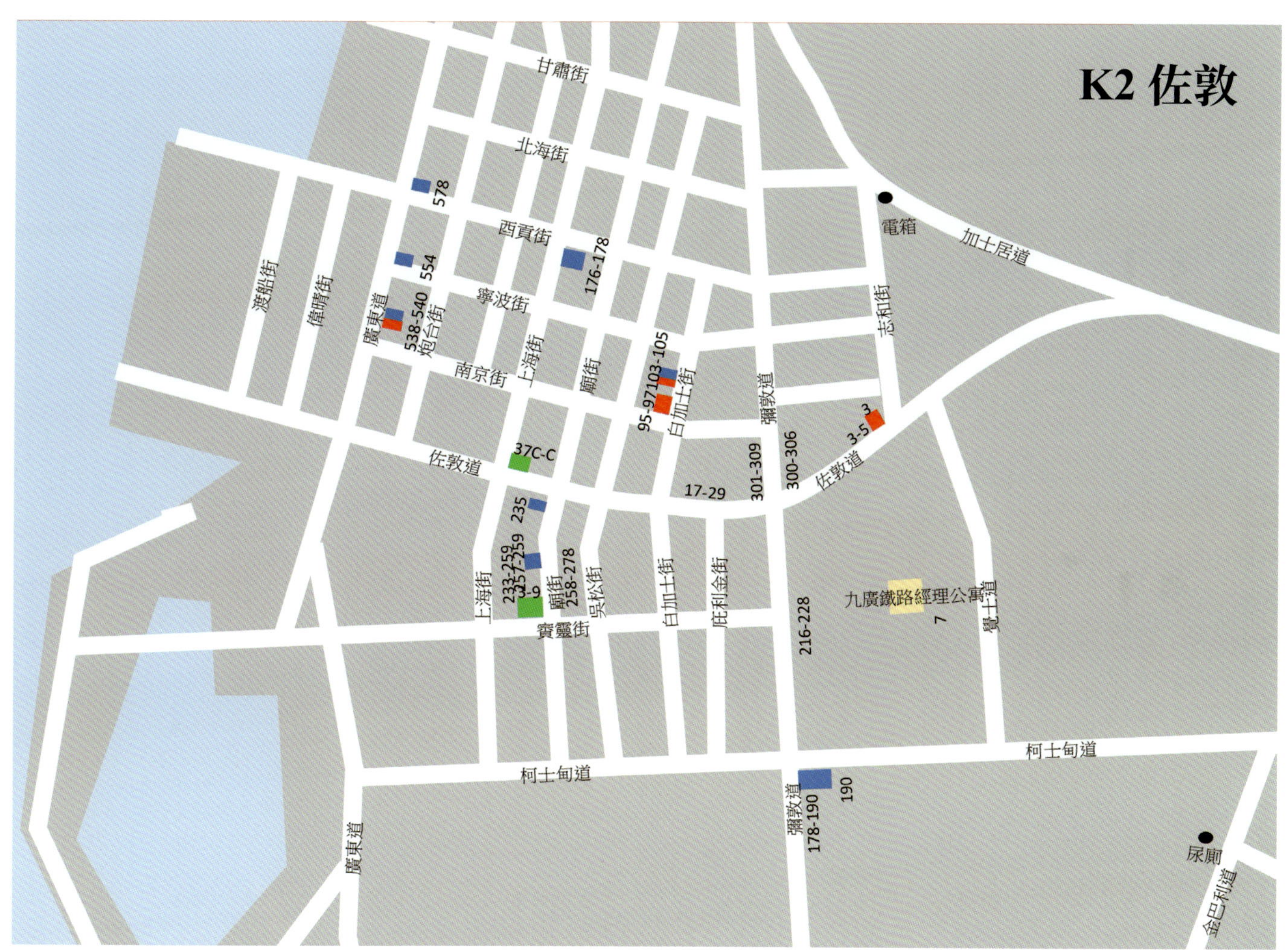

K2 佐敦
甘肅街
北海街
西貢街
寧波街
南京街
佐敦道
渡船街
偉晴街
廣東道
炮台街
上海街
廟街
白加士街
彌敦道
志和街
電箱
加士居道
578
554
176-178
538-540
95-97
103-105
3-5
3
37C-C
235
17-29
301-309
300-306
233-259
257-259
3-9
258-278
吳松街
庇利金街
寶靈街
九廣鐵路經理公寓
7
覺士道
216-228
柯士甸道
178-190
190
尿廁
金巴利道

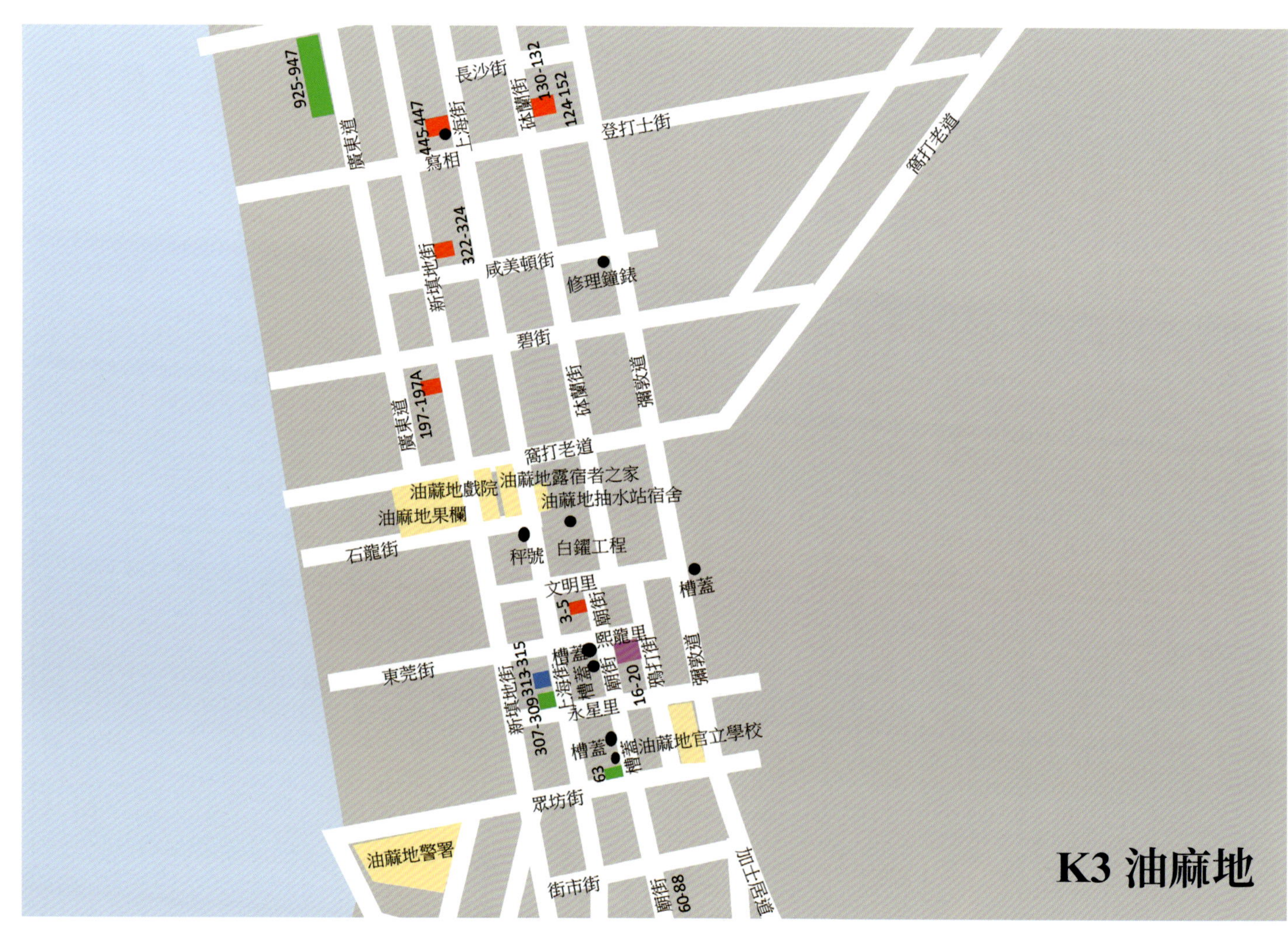
K3 油麻地
925-947
長沙街
130-132
124-152
砵蘭街
445-447
上海街
廣東道
窩柏
登打士街
窩打老道
322-324
新填地街
咸美頓街
修理鐘錶
碧街
197-197A
廣東道
砵蘭街
彌敦道
窩打老道
油麻地露宿者之家
油麻地戲院
油麻地抽水站宿舍
油麻地果欄
石龍街
秤號
白鑞工程
槽蓋
文明里
3-5
廟街
東莞街
313-315
307-309
新填地街
上海街
槽蓋
熙龍里
16-20
鴉打街
彌敦道
永星里
槽蓋
油麻地官立學校
63
眾坊街
油麻地警署
街市街
廟街
60-88
加士居道

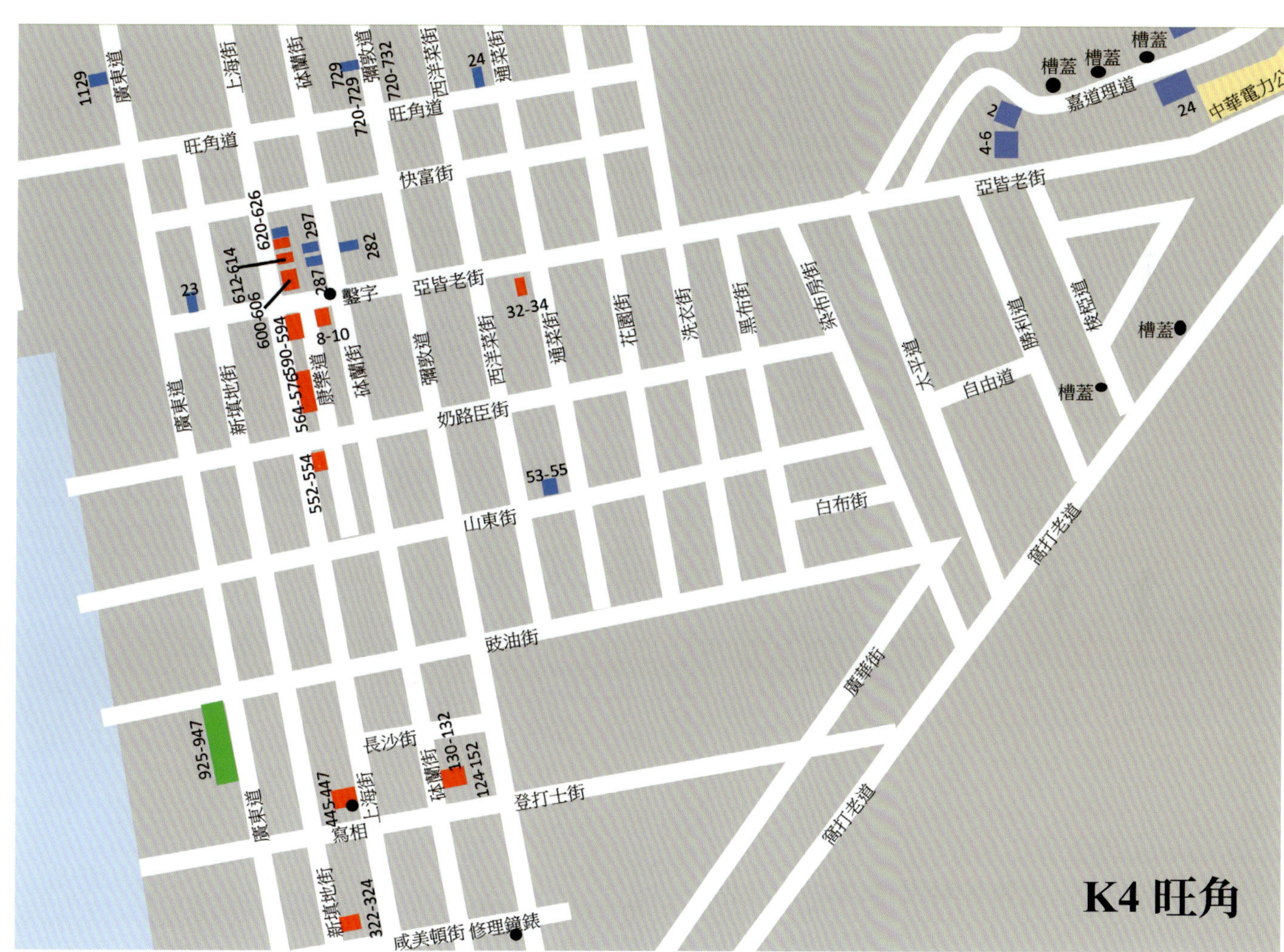
K4 旺角
廣東道
上海街
砵蘭街
彌敦道
西洋菜街
通菜街
旺角道
快富街
亞皆老街
奶路臣街
山東街
豉油街
長沙街
登打士街
咸美頓街
新填地街
廣華街
花園街
洗衣街
黑布街
染布房街
太平道
自由道
勝利道
梭椏道
窩打老道
嘉道理道
白布街
中華電力公
1129
729
720-729
720-732
24
2
4-6
620-626
612-614
600-606
590-594
564-576
552-554
297
287
282
23
8-10
32-34
53-55
925-947
445-447
130-132
124-152
322-324
寫相
修理鐘錶
槽蓋

廣東道 2A 號　尖沙咀水警總部（2000 年前攝）

建於 1884 年，於 1996 年關閉。2009 年改建工程竣工，改稱「1881」，以酒店和商場形式營運。

梳士巴利道 33 號
九龍消防局舊址（2000 年前攝）

於 1920 年落成，1970 年代九龍消防局遷往廣東道，舊局先後供郵政署和水警總部使用。1986 年租予油尖區文化藝術協會，2009 年併入「1881」項目，用作商店。

彌敦道 66 號至 72 號、74 號至 90 號

建於 1910 年代，為古典建築風格，建有三層外廊。

Nathan Road
彌敦道

彌敦道 178 號至 190 號

建於 1930 年代，建有四層騎樓，立面為裝飾藝術風格。

彌敦道 190 號
(2000 年前攝)

建於 1933 年，樓高四層，建有四層騎樓，二樓至四樓側邊有長露台，有前梯和後梯，每層分左右兩段，平屋頂，有裝飾藝術風格元素。千禧年時，地下為金行，樓上是婚紗及照相店。山林道及兩旁樓宇範圍原是遮打爵士的花園別墅所在，遮打和摩地是尖沙咀最早的地產商。

彌敦道 190 號
(2004 年攝)

金巴利道　尿廁（2000 年前攝）

位於金巴利道與柯士甸路交界的三角地，在變電站旁，始建於 1924 年，是男士公廁，僅有尿兜。

覺士道 7 號
九廣鐵路經理公寓
（2019 年攝）

建於 1902 年，其後改為平屋頂。1954 年用作賈梅士學校，1999 年學校遷出，2019 年計劃用作戲劇教育中心。尖沙咀東部曾是歐式洋房和花園別墅的住宅區，覺士道 7 號是九龍現存最古老的西式公寓，其次是天文台台長宿舍，建於 1933 年。

彌敦道 216 號至 228 號

建於 1930 年代，為裝飾藝術風格，建有四層騎樓。於 1982 年重建成恒豐中心。

彌敦道 300 號至 306 號

建於 1920 年代，為古典建築風格，兩屋共用一梯，建有三層騎樓，有轉角騎樓。於 1964 年重建成華豐大廈。

彌敦道 561 號　精修鐘錶（2016 年攝）

位於彌敦道 561 號旁邊咸美道行人路，現在仍然營運。561 號於 1957 年重建成商廈，估計鐘錶維修師傅的固定攤位（工匠）小販牌照於 1957 年以前舊樓仍在時已發出。根據規定，若持牌人死亡，其牌可被繼承或轉讓。

彌敦道 720 號至 732 號

建於 1920 年代，為古典建築風格，建有三層騎樓，一屋一梯，有轉角騎樓。

彌敦道 729 號（2000 年前攝）

建於 1929 年，樓高三層，建有三層騎樓，兩屋共用一梯，有古典建築元素，兩層高的愛奧尼巨柱把騎樓分為三個開間，兩旁方柱柱頭是托斯卡尼式，三樓中央開間呈弧形凸出。原與 723 號至 727 號為同系列屋宇，後者於 1977 年重建成大廈。

彌敦道 723 號至 729 號

建於 1929 年，建有三層騎樓，兩屋共用一梯，為古典建築風格，三樓中央開間呈弧形凸出。

樂道
17 號至 27 號

建於 1930 年代，為古典建築風格，兩屋共用一梯，獨立露台，平屋頂。

彌敦道 772 號至 802 號

建於 1930 年代，為裝飾藝術風格，長的一排有四層騎樓相連，短的一排有三層騎樓相連，天台上有亭子在深水埗一帶常見。

Jordan Road
佐敦道

佐敦道 3 號
(2000 年前攝，已拆卸)

估計建於 1910 年代後期，樓高三層，因應街道走勢呈梯級狀向後縮短進深，主樓有內廊，旁邊梯座有弧形露台。原與 5 號為同一系列屋宇，是佐敦道東段最早建成的住宅。3 號最後由顏成坤家族持有，樓面是 5 號的兩倍，於 2000 年代初期拆卸。

依利近街（海防道）1 號至 28 號

建於 1900 年代，樓上有兩層淺窄的鐵柵外廊，牆面有凸出的牆板，雙坡屋頂。

佐敦道3號至5號

建於1910年代，主樓每層有凸肚形外廊，梯座有弧形露台，樓面依次縮短。

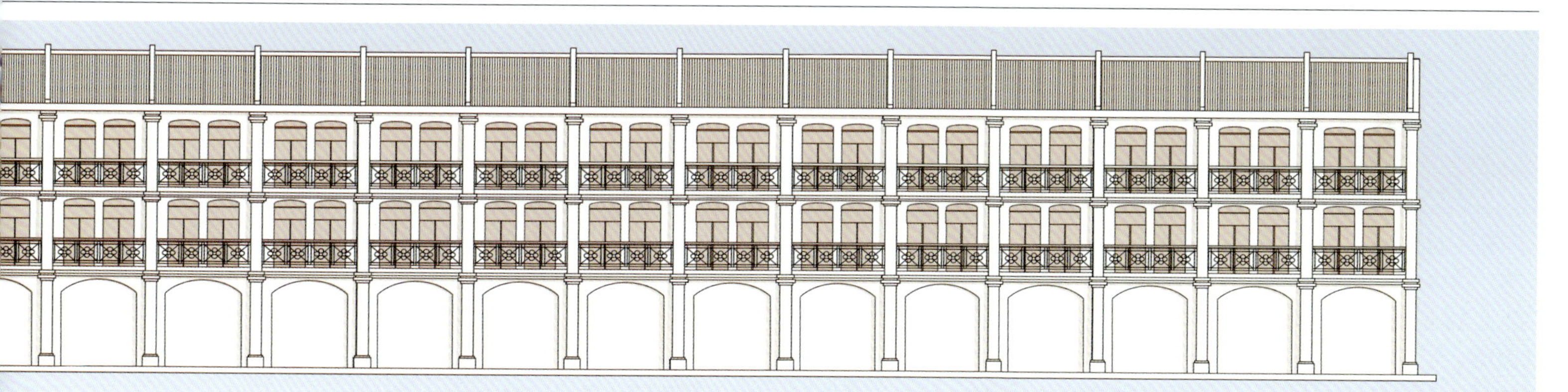

加士居道低壓配電箱（2004 年攝）

估計是九龍最後一個戰前的古典低壓配電箱，旁邊還有一支燈柱，於 2010 年被拆走。

佐敦道 37C 號和 37D 號（2000 年前攝）

建於 1956 年，由上海街 98 號和 100 號重建而來，樓高六層，有轉角懸臂式露台，樓面和露台自三樓往上逐層內縮，樓座和樓梯口向上海街。37C 原是昇昌大押，於 2011 年翻新拆去了上層的轉角部分。

佐敦道 17 號至 29 號和彌敦道 301 號至 309 號

佐敦道的一排建於 1920 年代，為古典建築風格，建有四層騎樓，兩屋共用一梯，單邊一座側邊有凸肚形騎樓。彌敦道黃棠記大宅建於 1917 年，於 1977 年重建成嘉賓大廈。

Parkes Street
白加士街

白加士街 95 號和 97 號（2000 年前攝，已拆卸）

白加士街 103 號和 105 號（2000 年前攝）

估計建於 1920 年代，樓高三層，各有一條直梯，建有兩層騎樓。91 號至 107 號九幢屋宇原是同一系列，95 號、97 號和 103 號於 2011 年拆卸，105 號翻新，回復原貌。

廟街 3 號和 5 號（2000 年前攝，已拆卸）

估計建於 1920 年代，樓高四層，建有兩層騎樓，三樓為露台，拍攝時已圍封，並僭建了第五層，於 2010 年代拆卸。

Temple Street
廟街

廟街 16 號、18 號和 20 號（2000 年前攝，已拆卸）

建於 1951 年，樓高四層，二樓至四樓有露台，四樓露台較窄，16 號的樓梯設在後方，樓梯口設在側邊，其他一梯共用，於 2022 年拆卸。

彌敦道與眾坊街交界　油麻地官立學校（2000 年前攝）

建於 1906 年，是九龍第一間官立學校。1969 年，港府興建加士居道天橋，校舍土地交換作工程用途。彌敦道 391 號至 399 號的學校於 1972 年停辦，1974 年校舍拆卸，1977 年重建成商業大廈，學校球場用作臨時遊樂場，圍牆於 2006 年拆卸。

廣東道 627 號　油麻地警署（2000 年前攝）

建於 1922 年，2016 年警署遷往友翔道 3 號，此處改為報案中心。

廟街 60 號至 88 號

建於 1920 年代，建有兩層騎樓，樓頂是三樓的露台，四樓有淺窄外廊，由三樓凸出的牆板支持，欄河為水泥通花，兩屋共用一梯。

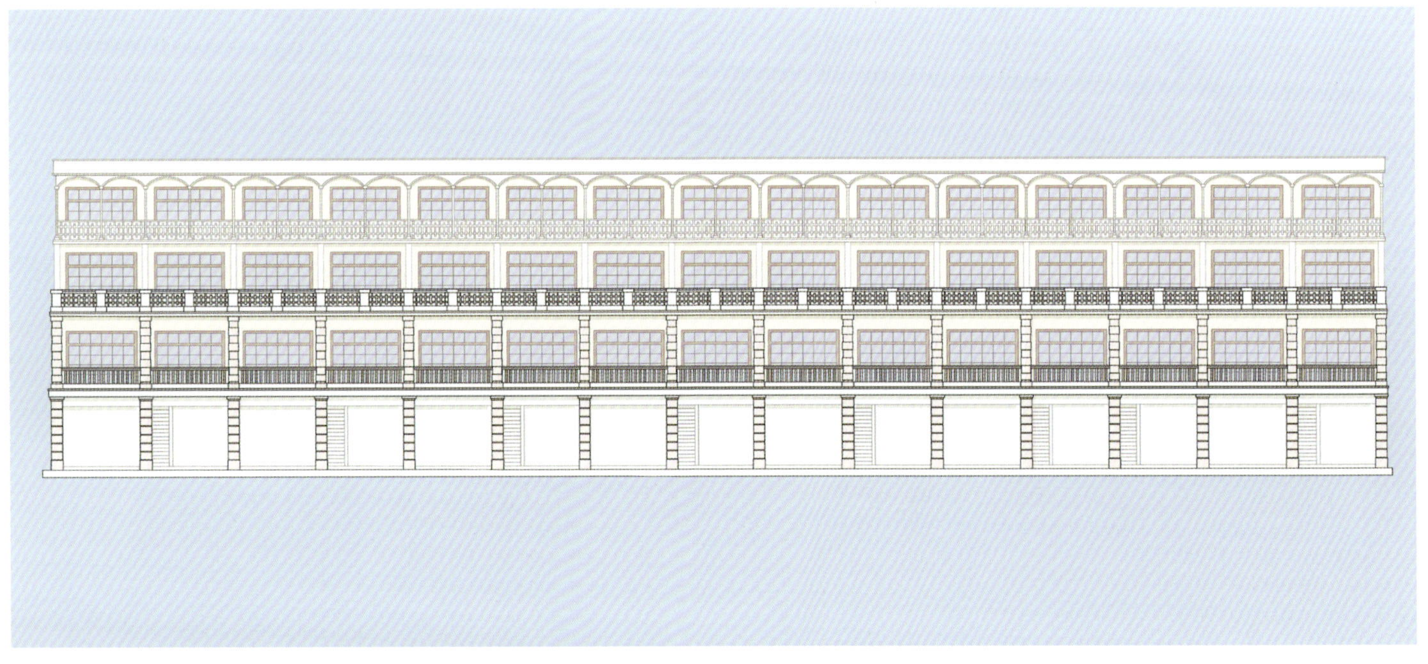

廟街 63 號（2000 年前攝）

建於 1950 年，樓高四層，二樓至四樓為圓角露台，四樓露台較窄，原與 61 號同期興建，一梯共用，後者於 2000 年代拆卸。63 號地下和二樓自建成後為美都餐室，2022 年因新冠疫情間歇性停業半年，霓虹燈招牌則於 2023 年底拆除。

廟街 235 號（2000 年前攝）

估計建於 1920 年代，樓高三層，二樓和三樓有相連的弧形鐵柵露台，平屋頂，內設獨立樓梯，牆面開大圓拱開口，地下兩旁置「大冧把」街號。九龍只有這一段廟街和吳淞街的屋宇正面有露台，其餘屋宇都有騎樓。233 號至 259 號 14 幢屋宇原是同一系列。

廟街 257 號和 259 號（2000 年前攝）

廟街 233 號至 259 號

建於 1920 年代，二樓和三樓有相連的弧形水泥圍欄露台，有轉角露台。地下每戶門口旁邊有「大冧把」街號。

廟街 258 號至 278 號

建於 1920 年代，二樓和三樓有相連的弧形水泥圍欄露台，單邊一座有轉角露台，地下每戶有趟櫳門，旁邊有「大冧把」街號，雙坡頂。

寶靈街 3 號至 9 號（2000 年前攝）

四幢屋宇建於 1949 年，樓高四層，二樓至四樓有露台，四樓露台較窄。每兩幢樓頂有三角形山牆，兩屋共用一梯，7 號和 9 號樓梯口開在正面，3 號和 5 號的樓梯口開在 3 號側邊。

砵蘭街 124 號至 152 號

建於 1920 年代，建有兩層騎樓，兩屋共用一梯，側邊有露台。

Portland Street
砵蘭街

砵蘭街 130 號和 132 號 (2000 年前攝，已拆卸)

估計建於 1920 年代，樓高三層，建有兩層騎樓，124 號是單邊樓，側邊二樓有長露台，其他為兩屋共用一梯，二樓欄河由花瓶欄杆組成，於 2010 年代拆卸。124 號至 152 號 15 幢屋宇原是同一系列。

砵蘭街 282 號（2000 年前攝）

旺角於 1920 年左右開始在上海街以東和亞皆老街房屋以北興建屋宇，砵蘭街 282 號大約於 1924 年建成，樓高三層，兩屋共用一梯。276 號至 302 號 14 幢屋宇原是同一系列。

砵蘭街 287 號（2000 年前攝）

建於 1920 年代，樓高兩層，建有兩層騎樓，樓面呈「b」字形，二樓騎樓開間原由兩個圓拱和一支陶立克柱組成「T」字立面，樓頂有弧形山牆，雙坡頂。砵蘭街 275 號至 287 號七幢屋宇是該段砵蘭街最早建成的，樓面都是呈「b」字形。

砵蘭街 297 號（2000 年前攝）

建於 1920 年代，樓高四層，建有三層騎樓，樓面呈「d」字形，地舖於 1960 年代用作變電站。亞皆老街至弼街一段的砵蘭街是建築裝修材料店的集中地，街段內三幢戰前舊樓的地舖都是建築裝修材料店。

Shanghai Street
上海街

上海街 176 號和 178 號德生大押（2000 年前攝）

建於 1940 年，用作德生大押。178 號樓面呈「d」字形，176 號平樓面呈「b」字形，深度較 178 號短，兩屋樓層和門窗高度略有高低。178 號地舖為德生大押營業部，176 號地舖作出租，樓上各層皆以鐵柵圍封防盜，樓頂矮牆髹上「1940」，欄河都有「德生大押」招牌。上海街在戰前比彌敦道興旺，百業並存，當舖超過十五間。

上海街 313 號和 315 號（2000 年前攝）

建於 1925 年，樓面呈矩形，與兩旁同期樓宇樓樓面不同，樓高四層，建有兩層騎樓，欄河由棒條組成，四樓是鐵柵露台。屋宇經過加建和修繕，原貌不易辨認。地舖多年來是不銹鋼具工程公司和佛具店，文明里一帶是香燭舖的集中地。

上海街 307 號和 309 號（2014 年攝）

建於 1956 年，樓高四層，兩屋共用一梯，二樓至四樓有相連的大露台，或俗稱的懸臂式騎樓 / 騎台。311 號建於 1955 年，露台較前者窄，四樓露台內縮。

上海街 342 號 F 舖　江熊記工程（2005 年攝）

白鐵舖放滿了不同的打鐵工具、生鐵材料和大大小小的生鐵製品，上了年紀的工匠江先生一腳踎地幹活，估計在少時學得這一門手藝，白鐵舖於 2010 年代結業。

上海街 344 號　油麻地抽水站宿舍（2000 年前攝）

建於 1895 年，是油麻地抽水站的一部分，為工程師的辦公室。1906 年，九龍首個水塘——九龍水塘啟用。1911 年油麻地抽水站關閉，1915 年機房改作郵局，辦公室用作小販管理辦事處。1969 年，機房重建為垃圾站和公廁，1989 年用作油麻地露宿者之家，至 1999 年止。

上海街 345 號牆邊檔 利和秤號（2000 年前攝）

於 1930 年代創辦，何太守着父親留下的祖業，販賣金舖、藥材舖用的「厘戥」，大大小小的「小販秤」、酒家專用的「味秤」，還有果欄用的「密底算盤」和「百子千孫」木尺。

上海街 345A 號 油麻地露宿者之家（2005 年攝，已拆卸）

建於 1999 年，地下為垃圾站，二樓為油麻地露宿者之家。2022 年因油麻地戲院第二期擴建，而與垃圾站一併遷往巧翔街後，此處拆卸，原址為臨時小販熟食市場，最早是抽水站的蓄水池，儲存由何文田三口水井抽來的清水。

油麻地戲院（2000 年前攝）

建於 1930 年，於 1998 年結業，是市區現存唯一的戰前大戲院建築。2012 年翻新完竣，用作戲曲活動中心。

石龍街　油麻地果欄（2006 年攝）

始建於 1913 年，原名九龍水果批發市場，是香港主要的水果批發市場，欄販在深夜開始運作，並佔用附近街道。

上海街 445 號和 447 號（2000 年前攝，已拆卸）

建於 1920 年代，於 2000 年代中期拆卸。樓高三層，建有三層騎樓，一梯共用。欄河分為三段，中段欄板有灰塑花紋，兩邊則由棒條欄杆組成，樓頂中部由渦卷形雲紋和球體組成山牆，屋宇長期空置。咸美頓街一帶是繡莊店的集中地。

上海街 445 號　街頭寫相（2000 年前攝）

鄭流芳在空置的 445 號地舖外寫相多年，屋宇拆卸後，就在原處搭起簡陋的上蓋繼續工作了一段日子。

上海街 445 號　街頭寫相（2005 前攝）

上海街 594 號　同昌大押

建於 1920 年代，拆卸前是同昌大押，樓面呈矩形，但三層高的騎樓則為斜角，只有這間當舖是斜角騎樓。

上海街 600 號至 606 號、612 號和 614 號、620 號至 626 號（2000 年前攝）

建於 1920 年代，600 號至 606 號、612 號和 614 號六幢屋宇原是同一系列，樓高四層，建有三層騎樓，兩屋共用一梯，樓面呈矩形。620 號至 626 號原是同一系列屋宇，樓高三層，建有三層騎樓。2019 年完成活化，只保留 624 號和 626 號，其他只保留騎樓，這一帶是裝修材料的集中地。

上海街 612 號和 614 號（2005 年攝）

上海街 620 號至 626 號（2005 年攝）

上海街 600 號至 626 號（2005 年攝）

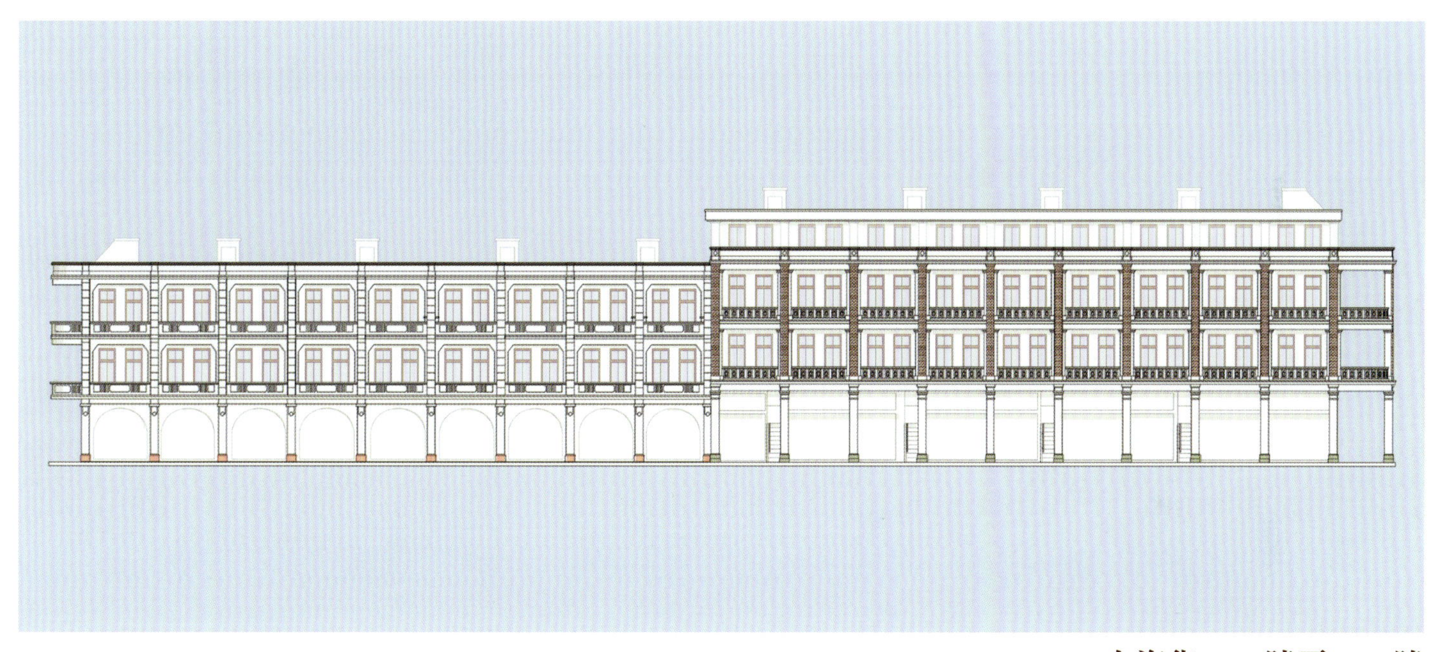

上海街 598 號至 632 號

建於 1920 年代，四層高的一排先建成，建有三層騎樓，兩屋共用一梯，有轉角騎樓。三層高的一排有三層騎樓，有單邊露台。

Reclamation Street
新填地街

新填地街 197 號和 197A 號（2000 年前攝，已拆卸）

估計建於 1910 年代，樓高三層，建有兩層騎樓，一梯共用，二樓屋簷留有齒列裝飾，三樓露台圍封，197 號僭建多一層，地舖是麻包袋和尼龍袋批發，於 2011 年代中期拆卸。

新填地街 322 號和 324 號（2000 年前攝，已拆卸）

估計建於 1920 年代，樓高三層，建有兩層騎樓，欄河由花瓶欄杆組成，一梯共用，雙坡屋頂，地舖是英光冷氣器材，於 2000 年代中期拆卸。新填地街以售賣五金物品聞名。

新填地街 595 號至 601 號（2000 年前攝，已拆卸）

四幢相連屋宇建於 1949 年，樓高四層，二樓至四樓建有圓角露台，四樓露台較為淺窄，皆被圍封，欄河開有長孔，欄面有裝飾藝術風格幾何線條，樓頂僭建多一層。地舖建有閣仔，屋簷長滿植物，後座後半部有鐵欄露台，於 2000 年代中期拆卸。

新填地街 629 號（2000 年前攝）

估計建於 1920 年代，樓高三層，建有兩層騎樓，三樓露台已被圍封，樓面呈「b」字形，平屋頂。

Canton Road
廣東道

廣東道 538 號和 540 號（2000 年前攝）

估計建於 1920 年代，樓高四層，建有兩層騎樓，三樓露台較窄，一樓一梯，兩樓各自修繕改建，並把騎樓和露台圍封，538 號更僭建多一層，但騎樓支柱柱頭的樣式仍是一樣。地舖都是珠寶玉石行，這行業在此街段最為集中，因此廣東道有「玉器街」別稱。538 號於 2022 年拆卸。

廣東道 554 號（2000 年前攝）

建於 1920 年代，樓高四層，建有兩層騎樓，三樓露台較窄，單邊樓，樓梯設在後座側邊，地舖和側舖都是玉器行。

廣東道 578 號（2000 年前攝）

建於 1920 年代，樓高四層，建有兩層騎樓，三樓露台較窄，單邊樓，樓梯設在後座側邊，地舖和側舖都是玉器行。

廣東道 1129 號（2000 年前攝）

建於 1920 年代，樓高三層，樓面呈「d」字形，二樓和三樓有淺窄外廊。1127 號至 1133 號四幢屋宇原是同一系列，1129 號和 1131 號共用一梯，樓梯上下樓面各佔一半。地舖為漆油顏料店。

廣東道 1166 號和 1168 號（2000 年前攝）

建於 1930 年代，樓高四層，建有兩層騎樓，四樓建有淺窄的拱券外廊，樓面呈距形，一梯共用。

廣東道 1235 號（2000 年前攝）

建於 1930 年，樓高三層，建有三層騎樓，兩樓一梯，平屋頂，有新古典主義風格元素，屋頂的花飾三角山牆標示「1930」的建成年份。1227 號至 1239 號七幢屋宇原是同一系列，1235 號至 1239 號天台後段建有防曬柱廊，後座每層有露台作為通道。

廣東道 1227 號至 1239 號

建於 1930 年，為新古典主義風格，建有三層騎樓，兩樓一梯。中央三幢天台後段有防曬柱廊。

山東街 53 號和 55 號（2025 年攝）

山東街 53 號和 55 號（2025 年攝）

建於 1930 年，樓高三層，二樓至四樓有淺窄的露台，平屋頂，兩屋共用一直樓梯，後座與前座的角位有弧形露台。與 57 號和 59 號原是同一系列屋宇，四幢樓宇於 1940 年用作中華兒童書院，日佔時結束。57 號和 59 號於 1958 年重建。這一帶曾是波鞋店和電器店的集中地。

Argyle Street
亞皆老街

亞皆老街 23 號（2000 年前攝）

估計建於 1920 年代，樓高四層，建有四層騎樓，樓面呈「b」字形，平屋頂。15 號至 27 號七幢屋宇原是同一系列，23 號獨立樓梯，其他是兩屋共用一梯。

亞皆老街 32 號和 34 號（2004 年攝，已拆卸）

建於 1930 年代，樓高四層，建有四層騎樓，樓面呈凸字形。於 2008 年拆卸，與 36 號和 38 號原是同一系列屋宇。

亞皆老街 41 號行人路專業鑿字檔（2016 年攝）

由文先生經營，其後只能放置寫上聯絡電話的木板，至 2022 年止。大廈於 1979 年入伙，估計販檔牌照簽發於更早以前。

旺角道 24 號（2021 年攝）

估計建於 1930 年代，樓高三層，建有三層騎樓，平屋頂。22 號至 28 號原是四幢同一系列屋宇，28 號建有圓角騎樓。這一帶原是芒角村的所在。

洗衣街 165 號（2000 年前攝）

洗衣街 165 號（2019 年攝）

估計建於 1930 年代，165 號至 183 號原是十幢同一系屋宇，樓高四層，建有四層騎樓，兩屋共用前梯和後梯，前梯近後座的梯台呈三角形，單位門口斜向大街。洗衣街的南端是 1902 年創立的機器洗衣局，於 1960 年代結束。

水渠道 18 號和 20 號（2000 年前攝）

建於 1929 年，樓高三層，建有三層騎樓，平屋頂，20 號有獨立樓梯。18 號至 28 號六幢屋宇原是同一系列。水渠道地下水道把深水埗大坑的雨水引至亞皆老街對出的大海。

福全街 46 號和 48 號（2004 年攝，已拆卸）

建於 1930 年代，樓高三層，建有三層騎樓，欄河為混凝土通花，平屋頂，各有獨立樓梯，於 2010 年代中期拆卸。42 號至 54 號七幢屋宇原是同一系列。

鴉蘭街 6 號（2000 年前攝）

建於 1924 年，樓高三層，建有三層騎樓，兩屋共用一梯。4 號至 10 號四幢屋宇原是同一系列。4 號側邊建有露台，1954 年加建一層，但內縮一開間。有古典建築元素，二樓騎樓中央呈弧形凸出，拱券有仿拱頂石，樓頂有拱形山花、挑簷有齒列等裝飾。

鴉蘭街 2 號至 8 號

建於 1924 年，建有三層騎樓，兩屋共用一梯，側邊有露台，為古典建築風格，二樓騎樓中央呈弧形凸出。

路線Ⓕ 深水埗線

深水埗在割讓九龍半島後近界限街位置出現傳統墟市，1897 年港府租借新界，1900 年代興建了大埔道，1904 年設立九龍塘配水庫（窩仔山配水庫），1910 年代清拆墟市，在鴨寮街、南昌街、通州街和欽州街範圍內，興建華人屋宇，設有北河街街市。1920 年代社區發展至界限街，1930 年代至青山道。1941 時，已發展的範圍為荔枝角油庫以東，青山道接大埔道，再接界限街至通州街海旁，東京街海旁接長沙灣道海旁，區內所有華人屋宇都建有騎樓，設計古典，一般都塑有花飾，拱券外廊和西洋柱式相當普遍。1930 年代的騎樓則較有裝飾藝術風格，即使是橫街的樓宇亦很古典美觀。區內設有街市、警署、碼頭、醫局、醫院、戲院、碼頭、教堂、學校和工廠等，欽州街以西填海地至長沙灣道是軍營。

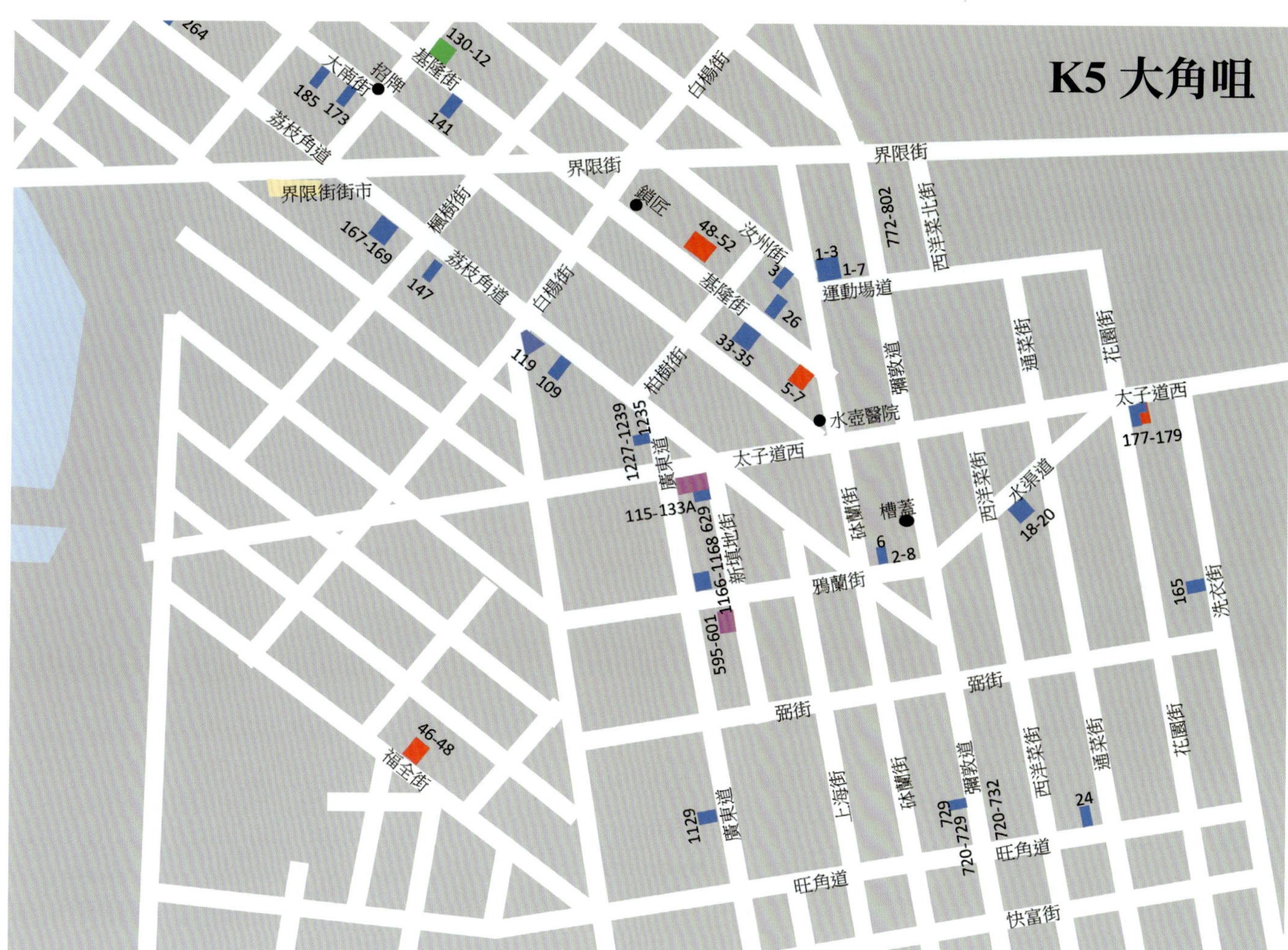
K5 大角咀
界限街
界限街街市
大南街
招牌
基隆街
荔枝角道
楓樹街
白楊街
汝州街
運動場道
西洋菜北街
通菜街
花園街
彌敦道
柏樹街
水壺醫院
太子道西
廣東道
新填地街
砵蘭街
槽叢
西洋菜街
水渠道
鴉蘭街
洗衣街
弼街
福全街
上海街
旺角道
快富街
錯匠
130-12
185
173
141
264
167-169
147
48-52
1-3
1-7
3
26
33-35
5-7
119
109
772-802
1227-1239
1235
115-133A
1166-1168
629
595-601
6
2-8
18-20
177-179
165
46-48
1129
729
720-729
720-732
24

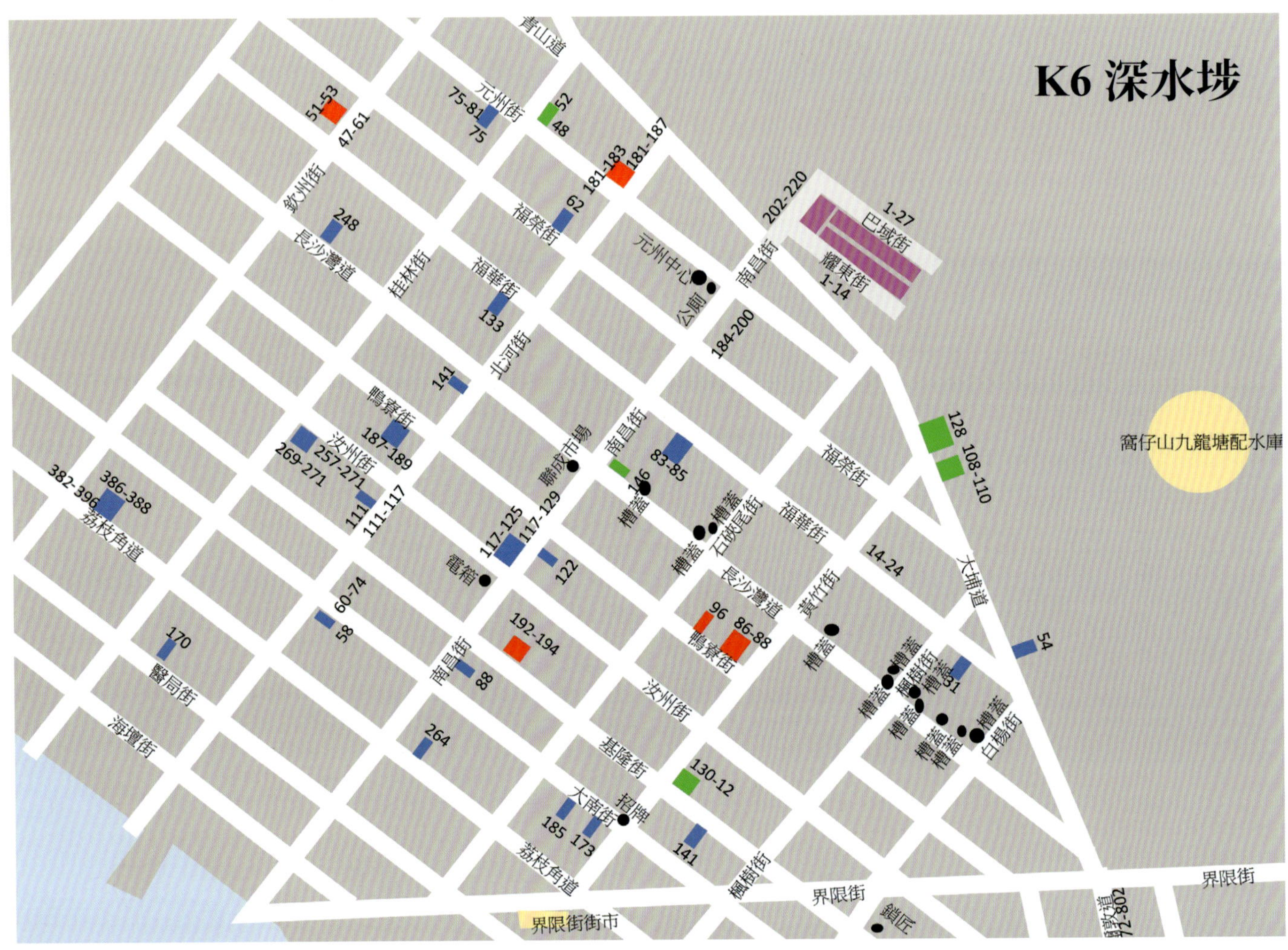

K6 深水埗
青山道
元州街
51-53
47-61
75-81
75
52
48
181-183
181-187
欽州街
248
長沙灣道
福榮街
62
202-220
1-27
巴域街
耀東街
1-14
元州中心
公廁
南昌街
桂林街
福華街
133
北河街
184-200
141
鴨寮街
187-189
汝州街
257-271
269-271
382-396
386-388
荔枝角道
111
111-117
聯成市場
南昌街
83-85
146
128
108-110
窩仔山九龍塘配水庫
福榮街
福華街
石硤尾街
117-125
117-129
122
電箱
14-24
大埔道
長沙灣道
黃竹街
60-74
58
170
醫局街
192-194
96
86-88
鴨寮街
54
南昌街
88
31
楓樹街
白楊街
汝州街
海壇街
264
基隆街
130-12
大南街
185
173
招牌
141
荔枝角道
楓樹街
界限街
界限街
界限街街市
鎖匠
72-802

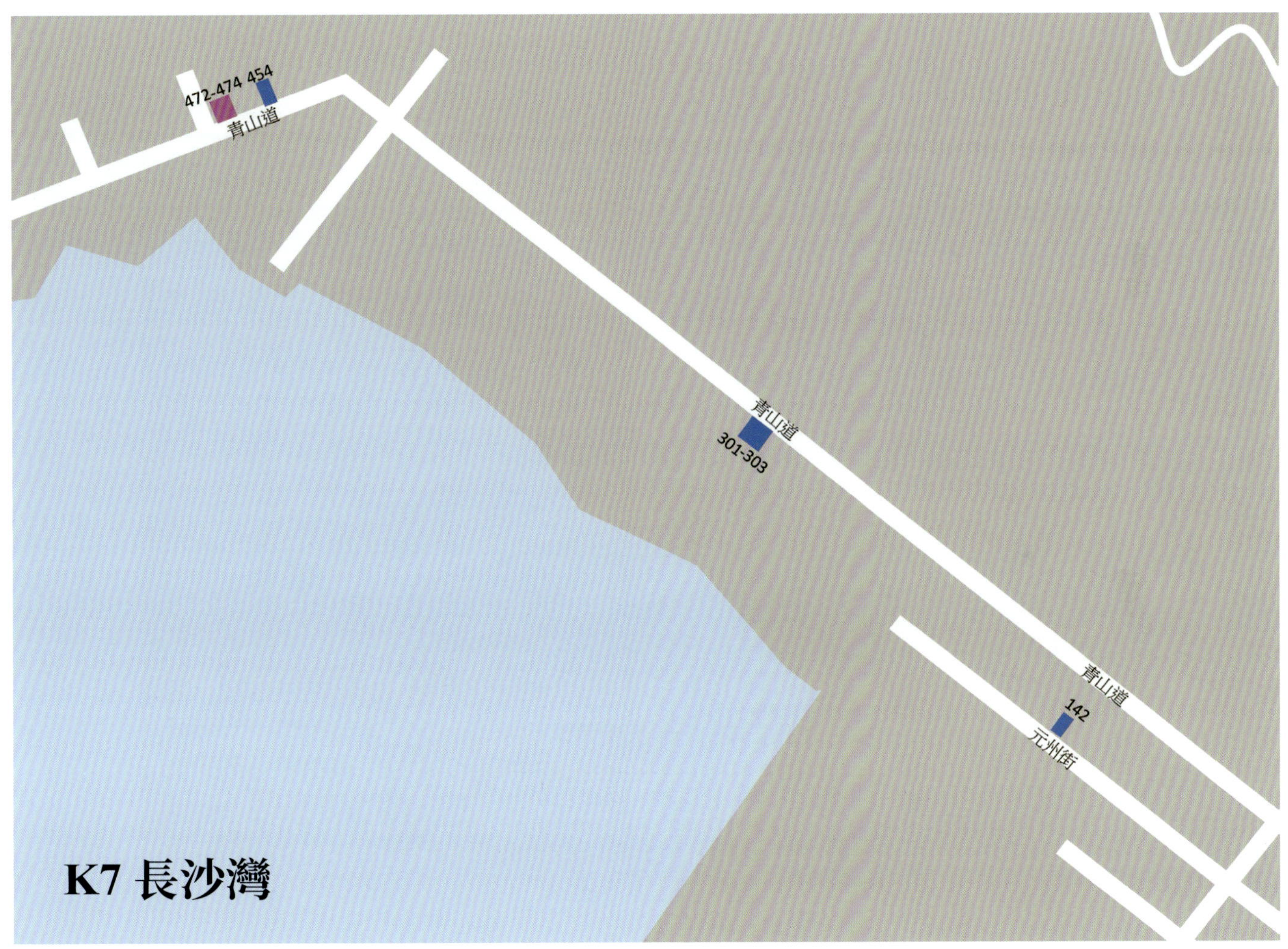
472-474
454
青山道
青山道
301-303
青山道
142
元州街
K7 長沙灣

Prince Edward Road West
太子道西

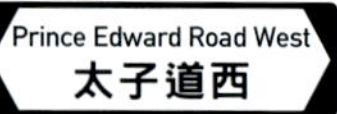

115 號至 133A 號（2000 年前攝，已拆卸）

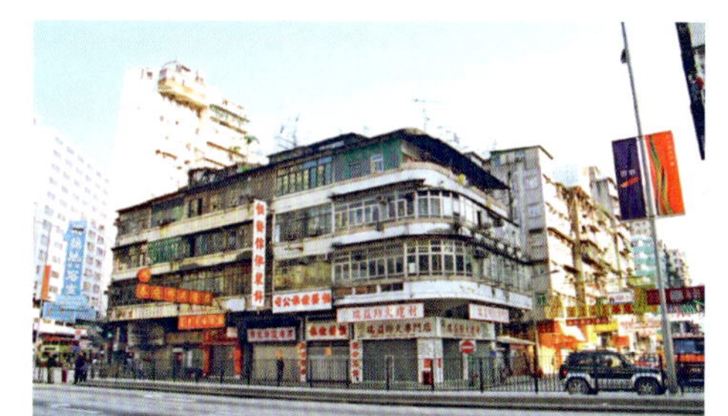

建於 1950 年，樓高四層，二樓至四樓為圓角露台，露台逐層往上縮窄，兩屋共用一梯，於 2007 年左右拆卸。123 號地下和二樓建成後即用作浴德池，為香港第一間上海澡堂，於 2006 年 10 月結業。原址為 1931 年開業的旺角戲院，於 1949 年結業。

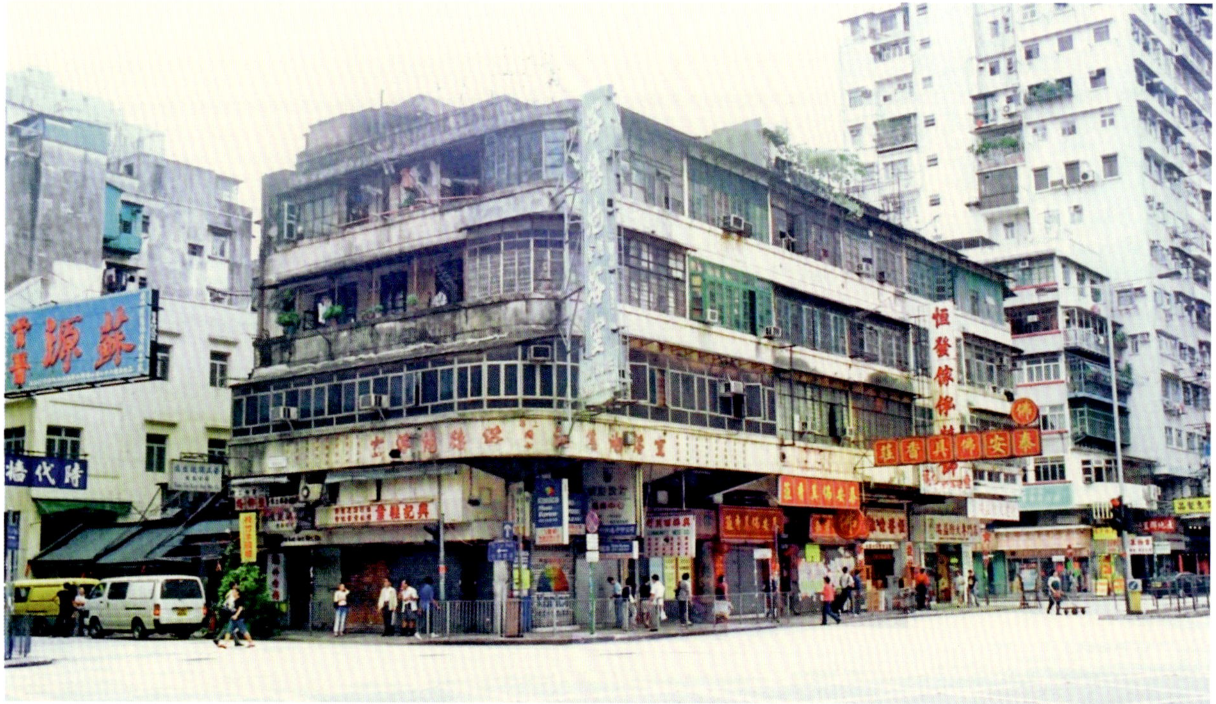

太子道西 177 號和 179 號（2000 年前攝）

建於 1937 年，樓高四層，建有四層騎樓，177 號側邊有露台，前後座由天橋連接，兩樓共用前梯和後梯，有裝飾藝術風格元素。179 號於 2010 年代初以保留騎樓的形式拆卸重建。

太子道西 177 號和 179 號（2006 年攝）

太子道西 177 號和 179 號（2018 年攝）

太子道西 177 號和 179 號（2000 年前攝）

太子道西 177 號至 179 號

建於 1937 年，為裝飾藝術風格，正面有四層騎樓，單邊一幢側邊有露台，前後座由天橋連接。

太子道西 190 號至 204 號、210 號至 212 號

建於 1932 年，樓高四層，兩幢樓宇共用前梯和露天後梯，每層分左右兩段，樓上為相連露台，有裝飾藝術風格元素。190 號至 220A 號 16 幢屋宇原是同一系列。

太子道西 190 號（2025 年攝）

太子道西 210 號和 212 號（2000 年前攝）

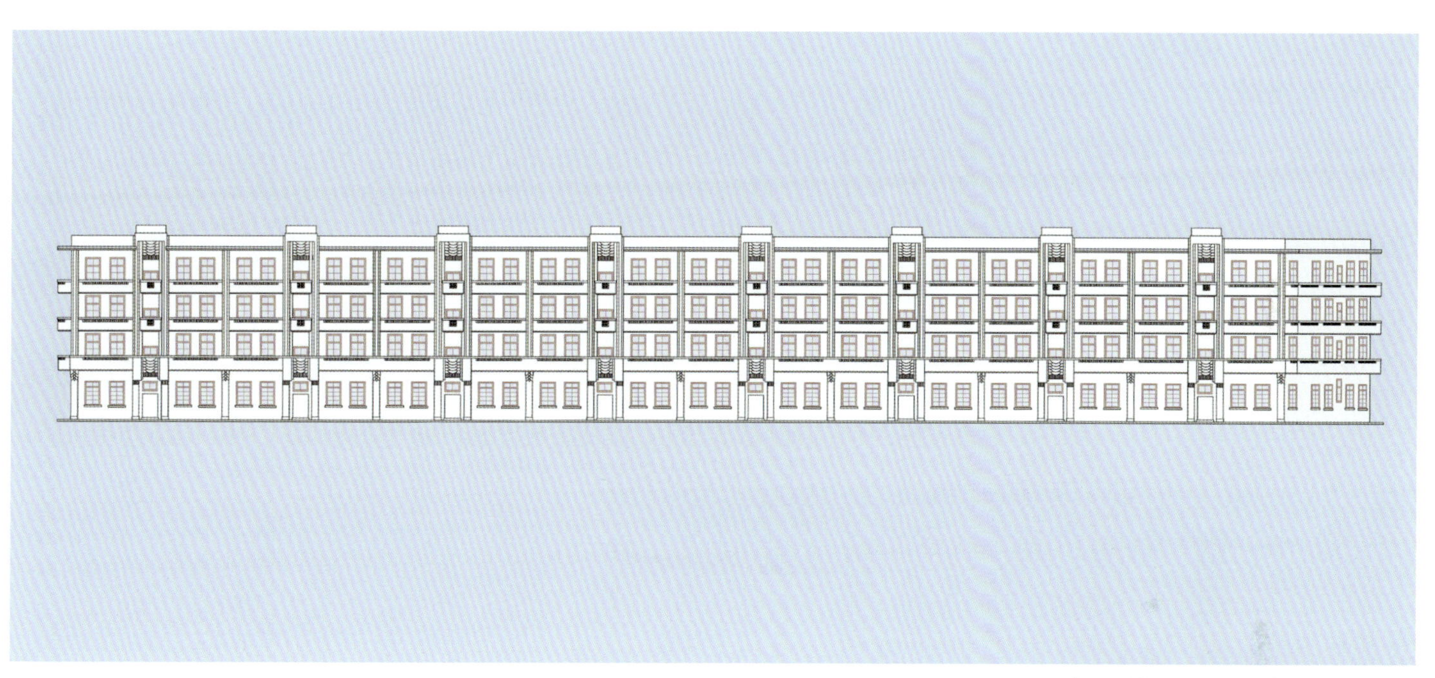

太子道西 190 號至 220 號

建於 1932 年，為裝飾藝術風格，四層騎樓相連，兩屋一前梯一後梯，兩旁有露台。

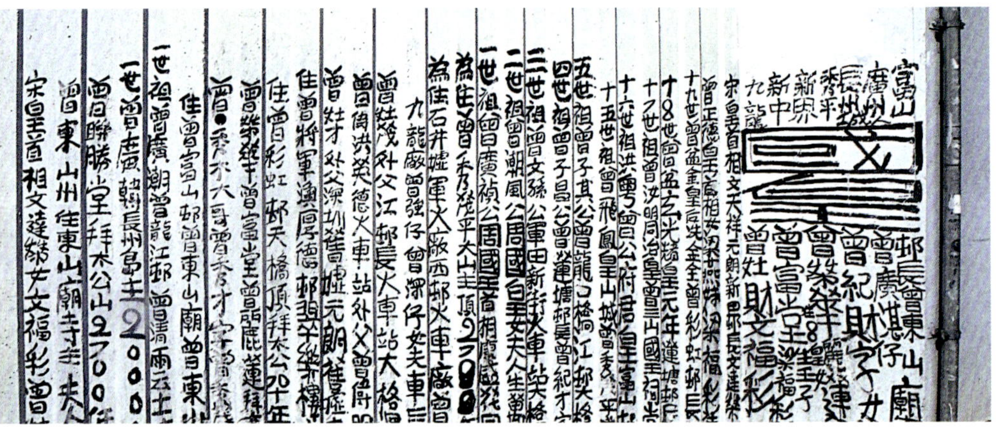

花墟基堤道　曾灶財墨寶（2000 年前攝）

位於花墟基堤道火車橋橋躉牆面，其後被油漆覆蓋。

花墟曾灶財墨寶（2004 年攝）

位於花墟基堤道火車橋附近配電箱。

太子道西 380 號（2000 年前攝，已拆卸）

建於 1920 年代後期，樓高三層，建有三層騎樓，樓面呈「d」字形，於 2000 年代後期拆卸。382 號至 386 號三幢屋宇原是同一系列，因街道走勢，樓面深度依次縮短。

太子道西 412 號和 414 號（2004 年前攝）

建於 1920 年代後期，樓高三層，建有三層騎樓，兩屋共用一直樓梯，欄河由雙葫蘆欄杆組成。412 號至 418 號四幢屋宇原是同一系列，因街道走勢，樓面依次縮短。

太子道西 412 號和 414 號（2019 年攝）

現在市區僅存完整兩屋一直梯的例子，第一層和第二層梯台兩旁各有單位的門戶，二樓外牆上部分並非密封，而是用木柵或鐵柵間隔。

太子道西 422 號（2000 年前攝，已拆卸）

建於 1920 年代後期，樓高三層，建有三層騎樓，一梯共用，前座和後座以天橋連接，於 2010 年代中期拆卸。原與 420 號為同一系列屋宇，因街道走勢，樓面依次縮短。

太子道西 420 號至 432 號

建於 1920 年代，建有四層騎樓，兩邊是三層高的轉角騎樓。

太子道西 444 號至 450 號（2000 年前攝）

建於 1920 年代後期，樓高四層，建有四層騎樓，欄河由棒條組成。與 438 號至 442 號五幢屋宇原是同一系列，446 號和 448 號一梯共用，450 號單邊以側邊樓梯上落，側邊騎樓高兩層，四樓為較淺窄的露台。448 號和 450 號二樓再僭建了圓角外廊。

AM RESTAURANT
Konica

運動場道 1 號和 3 號 (2000 年前攝)

建於 1932 年，樓高四層，建有兩層騎樓，四樓設淺窄露台。與 5 號和 5A 號原是同一系列屋宇，5 號和 5A 號因興建地下鐵路站拆卸重建，1 號和 3 號的正面騎樓和露台亦被拆去。

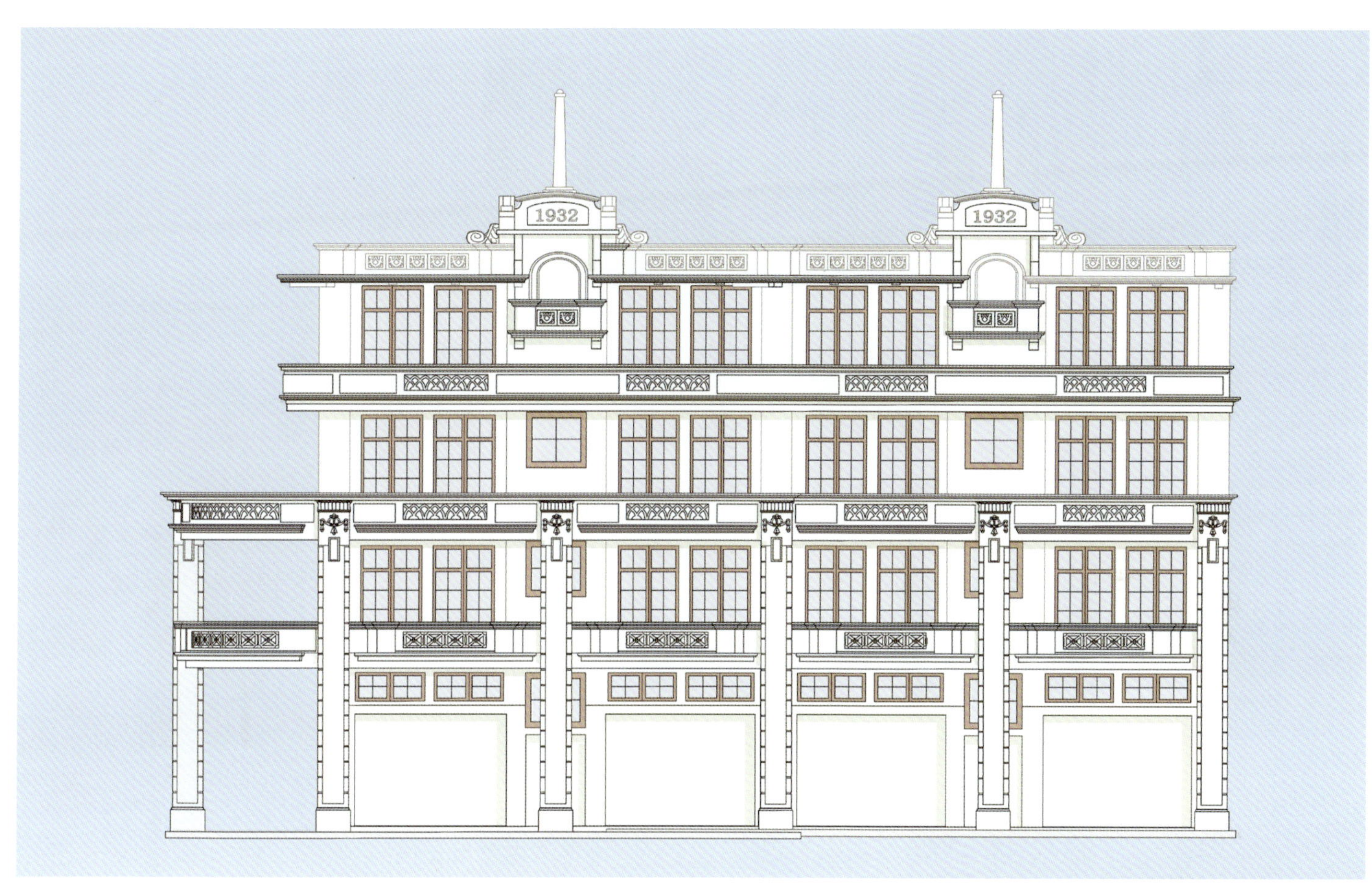

運動場道 1 號至 7 號

建於 1932 年，建有兩層騎樓，樓頂是三樓露台，四樓設淺窄露台，兩屋共用一梯，有轉角騎樓。

Yu Chau Street
汝州街

汝州街 3 號 (2000 年前攝)

建於 1920 年代，樓高四層，建有兩層騎樓，欄河以一列水泥六角形框條組成，四樓有淺窄的露台，平屋頂。1 號至 17 號九幢屋宇原是同一系列，兩屋共用一梯。

汝州街 197 號　低壓配電箱 (2000 年前攝)

汝州街 269 號和 271 號
(2000 年前攝)

建於 1920 年代，樓高三層，建有兩層騎樓，兩屋共用一梯，平屋頂，天台欄河由花瓶欄杆組成，271 號建有轉角騎樓，於 2011 年翻新。257 號至 271 號八幢屋宇原是同一系列。

汝州街 269 號和 271 號
(2013 年攝)

汝州街 269 號和 271 號（2000 年前攝）

建於 1920 年代，樓高三層，建有兩層騎樓，兩屋共用一梯，平屋頂，天台欄河由花瓶欄杆組成，271 號建有轉角騎樓，於 2011 年翻新。257 號至 271 號八幢屋宇原是同一系列。

汝州街 257 號至 271 號

建於 1920 年代，建有兩層騎樓，兩屋共用一梯，有轉角騎樓。

Ki Lung Street
基隆街

基隆街 2 號地舖　水壺醫院（2005 年攝）

1975 年屋宇建成時開業，黃國治和其父親黃金岳兩代人專門維修駱駝牌等名牌暖水壺，舖位堆滿舊式水壺，門前有四呎高的「滾黃」巨型水壺，寫有「一味靠滾」和「恃住好胆」大字。舖位於 1975 年買入時是 15 萬元，2011 年售出時是 1580 萬元。

基隆街 5 號和 7 號（2000 年前攝，已拆卸）

建於 1920 年代，樓高四層，騎樓高兩層，欄河由棒條組成，四樓有淺窄的露台，欄河有上下連續交替的三角形開孔，地下楣頂有連續的半環裝飾，一梯共用，每層分左右兩段，靠近後座的單位梯台呈三角形，平屋頂，後座尾段每層有少見的半圓形鐵柵露台，於 2022 年拆卸。

基隆街 5 號和 7 號（2007 年攝）

基隆街 5 號和 7 號
(2018 年攝)

基隆街 5 號和 7 號
(2021 年攝)

基隆街 26 號（2000 年前攝）

建於 1920 年代，樓高四層，建有兩層騎樓，兩屋共用一梯，四樓有淺窄的拱券外廊，平屋頂，後座尾段每層有半圓形的鐵柵露台，現在很罕見。26 號與 28 號至 30 號原是同一系列屋宇。

基隆街 26 號（2021 年攝）

基隆街 33 號和 35 號（2004 年攝）

建於 1920 年代，樓高四層，兩屋共用一梯，每層分左右兩段，平屋頂，原有兩層騎樓及四樓有窄露台。29 號至 47 號十幢屋宇原是同一系列。

基隆街 48 號至 52 號（2000 年前攝，已拆卸）

建於 1920 年代，樓高四層，建有兩層騎樓，四樓有窄露台，地下楣頂有連續的半環裝飾，二樓有少見的弧形雨簷，平屋頂，於 2000 年代後期拆卸。48 號和 50 號共用一梯，每層分左右兩段，52 號則一梯直上到到後座。

基隆街 70 號　配鎖匙檔（2019 年攝）

是典型的牆邊檔，位於基隆街 70 號樓梯口旁行人路上。基隆街 70 號於 1977 年入伙，估計牌照於更早前簽發。

基隆街 130 號和 132 號（2025 年攝）

建於 1949 年，樓高四層，二樓至四樓有轉角露台，四樓露台較窄，兩屋共用一梯，平屋頂，有裝飾藝術風格元素，欄河塑有一組平行線，上方開長孔。

基隆街 141 號（2004 年攝）

建於 1920 年代，樓高三層，建有兩層騎樓，已圍封成三層，天台亦僭建一層，樓面呈矩形。地舖是布行門市，樓上是貨倉。1970 年代後期，港府興建地下鐵路，受影響的布檔小販遷到黃竹街與石硤尾街之間的一段基隆街和「棚仔」欽州街小販市場安置。

基隆街 192 號和 194 號（2013 年攝，已拆卸）

建於 1920 年代，樓高四層，建有兩層騎樓，四樓為窄露台，雙坡屋頂，戰後已圍封和僭建，於 2021 年拆卸。地舖是布行門市，樓上是貨倉。由界限街至北河街之間的基隆街一帶布行林立，地舖是門市，樓上是貨倉。1980 年製衣工業北移前，商貿非常繁盛，銀行亦多過米舖，相鄰的大廈原是嶺東中學，地舖曾是渣打銀行。

大南街 173 號（2004 年攝）

建於 1930 年代，樓高三層，建有兩層騎樓，樓面呈「d」字形，獨立直樓梯，雙坡頂。1948 年聯昌皮號購入屋宇，地舖用作門市批發，樓上出租，2022 年起用作藝術文青場地。165 號至 173 號五幢屋宇原是同一系列，這個街段是皮革商集中地，故稱皮革街。

大南街 185 號

建於 1930 年代，樓高三層，建有兩層騎樓，樓面呈「d」字形，獨立直樓梯，雙坡頂。2004 年地舖是製衣原料公司，其後是五金首飾配件批發，2010 年代中期用作汽車維修店。樓上是王泗必堂，梯口掛有「王泗必堂」金漆牌匾，三樓門窗漆上紅油，大概是業主的祠堂。175 號至 185 號六幢屋宇原是同一系列，因與 165 號至 173 號系列相連，185 號騎樓柱出現兩種型式，上層相接部分也有差異。

大南街招牌（2005 年攝）

過去港九各區街道都建有招牌，為香港作為東方之珠的特色。2010 年屋宇署修訂的《建築物（小型工程）規例》，數以千計的招牌全屬違例建築工程，2014 年在深水埗展開拆卸行動。

Lai Chi Kok Road
荔枝角道

荔枝角道 109 號（2000 年前攝）

建於 1930 年代，樓高三層，建有三層騎樓，屋宇經過多次翻新改建，立面細節不詳，大概與廣東道 1235 號類似，同期興建。據舊航拍照片內街影計算，四樓是加建的。103 號至 113 號六幢屋宇原是同一系列。上手是「球興儀器行」，主要應付深水埗和大角咀工廠的需求。

荔枝角道 119 號（2004 年攝）

荔枝角道 119 號　雷生春（2004 年攝）

建於 1931 年，樓面呈「V」字形，樓高四層，建有四層轉角騎樓，地下、三樓和四樓有挑簷，三樓的挑簷本讓屋宇看起來不致有上重下輕的感覺，但造成錯覺，令四樓一樣高的欄河看起來變得低矮危險。2022 年被列為法定古蹟。

荔枝角道 119 號
(2006 年攝)

荔枝角道 119 號

建於 1931 年，為裝飾藝術風格，樓面呈「V」字形，四層轉角建有騎樓。

荔枝角道 147 號（2004 年攝）

樓高四層，立面經過修葺已失原貌。1930 年代，地產商興建了 35 幢同一系列的屋宇，包括塘尾道 205 號至 209 號三幢、荔枝角道 123 號至 149 號 14 幢、荔枝角道 159 號至 185 號及界限街 4 號至 10 號 18 幢，沒有荔枝角道 121 號、151 號至 157 號街號，夾角位置的樓面較為狹窄。屋宇像 1936 年建成的 167 號和 169 號，樓高四層，樓面四層，平屋頂，兩屋共用一梯，欄河由幾何通花磚組成，牆面有古典裝飾。

荔枝角道 167 號和 169 號（2000 年前攝）

界限街 2V-2W 號　界限街街市（2000 年前攝，已拆卸）

建於 1946 年，2005 年商戶遷往新落成的大角咀街市後，此處被拆卸，是九龍當時最古老的街市。

荔枝角道 264 號（2000 年前攝）

建於 1920 年代，樓高三層，建有三層騎樓，雙坡頂，有古典建築元素，例如塔斯卡尼式支柱，欄河由車輪形通花組成，樓頂上塑有年份的弧形山牆等。原與 262 號共用一條直樓梯，前座背後每層有露台連接後座，262 號至 268 號四幢屋宇都是同一系列。地舖於 2020 年是針車行，荔枝角道是製衣業針車行的集中地。

荔枝角道 386 號和 388 號（2000 年前攝）

建於 1931 年，樓高四層，建有三層騎樓，兩屋共用一梯，分左右兩段，每層一段，單位門口開在近大街梯台的兩邊，平屋頂。有裝飾藝術風格元素，例如屋頂兩端的花盆裝飾、外廊兩側的塔斯卡尼式支柱及花環灰塑，梯台鋪有花卉圖案的地磚。382 號至 396 號五幢屋宇原是同一系列。

荔枝角道 386 號和 388 號（2018 年攝）

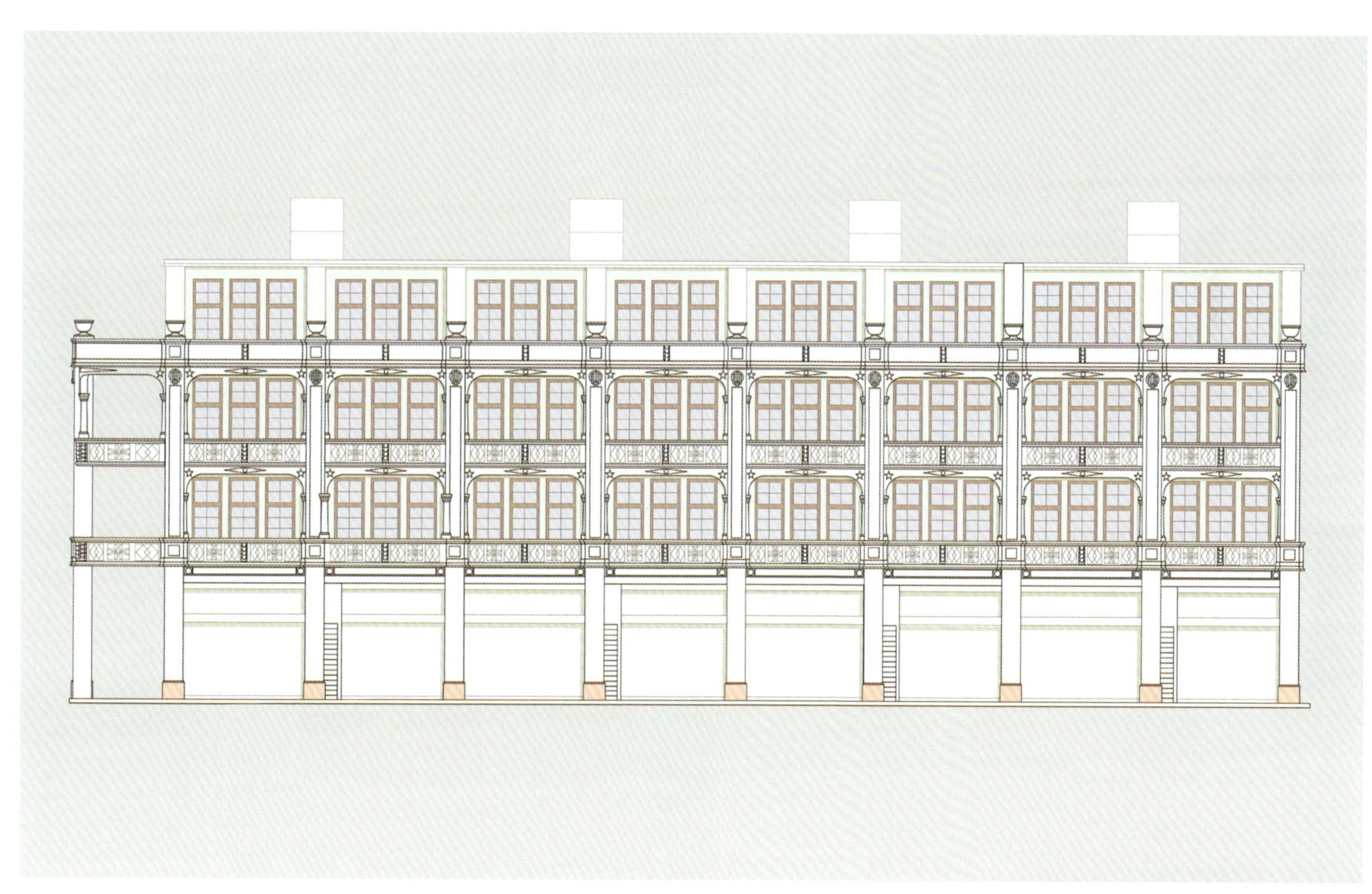

荔枝角道 382 號至 396 號

建於 1931 年，建有三層騎樓，兩屋共用一梯，為裝飾藝術風格。

醫局街 170 號（2000 年前攝）

建於 1920 年代，樓高三層，建有兩層騎樓，有一條直梯。1977 年轉手後，業主在地舖開設一平裝裱字畫和畫框店，外牆油成白色，配以紅色「一平」和「裝裱字畫及配製畫框相」等字樣。154 號至 174 號 11 幢屋宇原是同一系列，後座放在左側或右側，並無規律。

南昌街 88 號（2000 年前攝）

建於 1920 年代，樓高三層，建有三層騎樓，有一條直梯，平屋頂。與 90 號至 94 號原是同一系列屋宇。戰後至 1980 年代，南昌街及一帶橫街都是布行和製衣材料批發的集中地，樓宇常用作山寨廠，成品出口世界各地。

Nam Cheong Street
南昌街

南昌街 117 號（2000 年前攝）

建於 1920 年代，樓高五層，建有四層騎樓，樓梯設在後座並於每層開圓窗，平屋頂。原由「典當大王」高可寧家族擁有，經營同安大押，1950 年代改為南昌押，每層欄河寫有「南昌押」。兩個霓虹大招牌於 2023 年拆去，其後改裝兩個較細的招牌，一大一小。

南昌街 119 號和 121 號（2000 年前攝）

建於 1933 年，樓高三層，地下有閣樓，平屋頂，樓面呈凹字形，兩旁獨立樓梯，一梯直上兩層。騎樓頂有弧形山牆，塑有「1933」字樣，當時這種山牆在這一帶很普遍。

南昌街 122 號（2004 年攝）

建於 1920 年代，樓高三層，建有三層騎樓，有一條直梯，雙坡頂已改為平屋頂。與 124 號和 126 號原為同一系屋宇。2019 年以前用作成衣配件批發，地下是門市，樓上是貨倉，結業後經過翻新出租。南昌街主要是成衣布帶構件批發的集中地。

南昌街 123 號和 125 號 (2004 年攝)

於 1930 年代，樓高四層，建有四層騎樓，欄河由棒條組成，樓頂有弧形山牆，後座有長露台，平屋頂，一梯共用，樓面呈凸字形。與已拆卸的 127 號和 129 號原是同一系列屋宇。123 號曾經是德興茶樓，125 號地舖曾是銀龍茶餐廳。

南昌街 123 號和 125 號 (2021 年攝)

南昌街 127 號後巷口牆邊檔錦記理髮舖（2021 年攝）

上了年紀的理髮師傅為男士理髮，收費三十元正。

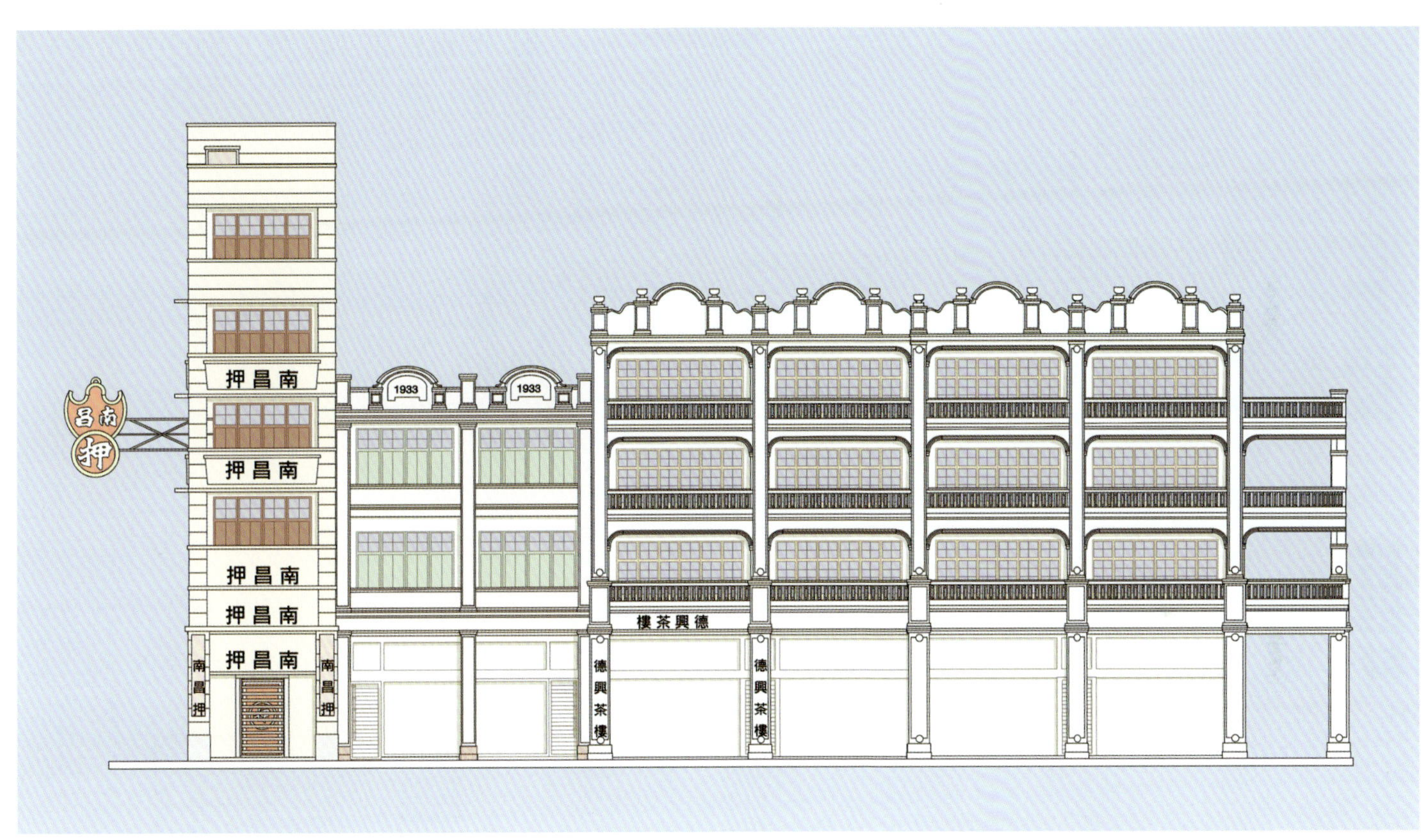

南昌街 117 號至 129 號　南昌大押

建有四層騎樓，樓頂是五樓的露台。三層騎樓的一組樓頂有弧形山牆，塑有建成年份，這種設計在當時很普遍。四層騎樓的一列有轉角騎樓。

南昌街 146 號（2000 年前攝）

南昌街 146 號（2021 年攝）

此屋宇每層有獨立食水管，獨立水掣和水錶設在後座地下外牆，有別於戰前樓宇一個喉供應所有樓層的設計。

南昌街 146 號（2000 年前攝）

建於 1963 年，為大單邊戰後唐樓，樓高六層，地下有閣仔，每層建有轉角懸臂式大騎樓／騎台，騎樓加窗於 1955 年後是合法的，梯口開向長沙灣道，先經兩段直梯和一個梯台到達閣樓高度的梯台，之後樓梯每層分左右兩段而上，樓面呈「b」字形，平屋頂。

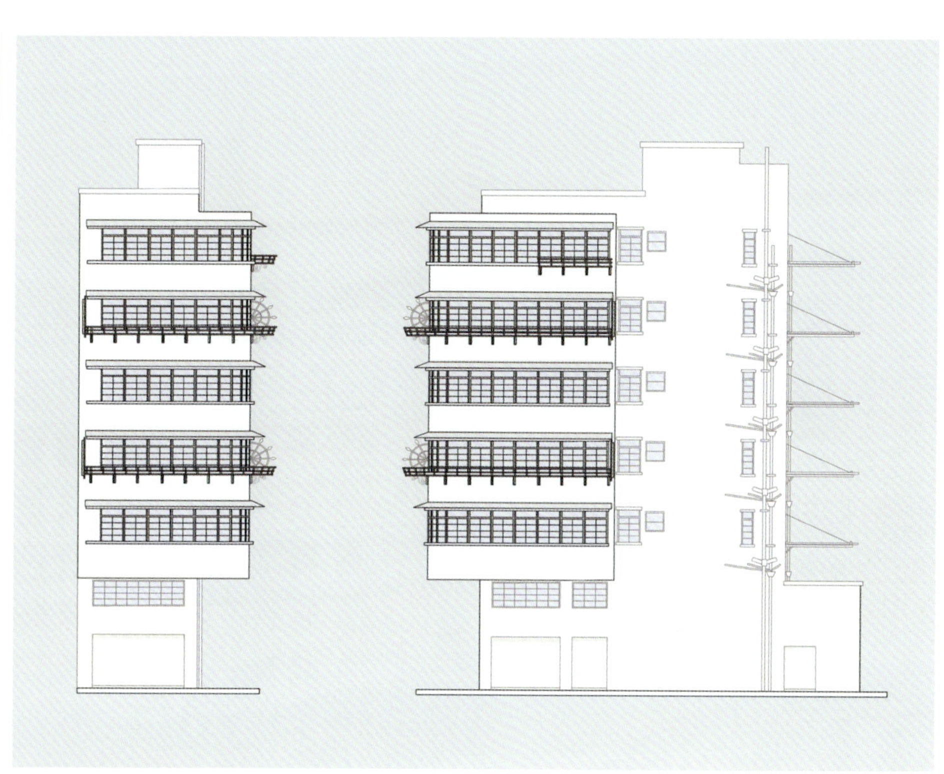

南昌街 146 號

建於 1963 年，是典型的大單邊戰後唐樓，每層有轉角大騎樓，有屋簷和花架，一梯一伙。

南昌街 147 號　聯成市場與同生押（2000 年前攝）

現存唯一的當押業和故衣業聯同運作的例子。

南昌街 184 號至 200 號

建於 1930 年代，建有三層騎樓，兩側的轉角騎樓只有兩層，184 號至 190 號原是南華茶樓，其餘是利工民製衣廠和門市部。

元州街 15A 元州中心和南昌街公廁（2021 年攝）

元州中心是現存的由香港露宿救濟會設立的三個露宿者之家之一，建於 1962 年。南昌街公廁始建於 1920 年代。

南昌街 202 號至 220 號（2004 年攝）

10 幢屋宇建於 1951 年，樓高四層，二樓至四樓有轉角大露台，四樓露台較窄，兩屋共用一梯，後座有露台，平屋頂。

南昌街 202 號至 220 號（2015 年攝）

巷內有市區內最大面積的樓宇外牆樹。

耀東街 1 號至 14 號 (2014 年攝)

耀東街 1 號至 14 號（2004 年攝）

14 幢屋宇建於 1952 年，與南昌街 202 號等是同一系列屋宇。

巴域街 1 號至 27 號（2004 年攝）

14 幢屋宇建於 1953 年，與南昌街 202 號等是同一系列屋宇，見證石硤尾大火和石硤尾邨的興建和重建。

北河街 58 號（2013 年攝）

Pei Ho Street
北河街

北河街 58 號

建於 1920 年代，建有二層騎樓，側邊三樓有鐵柵露台連接。

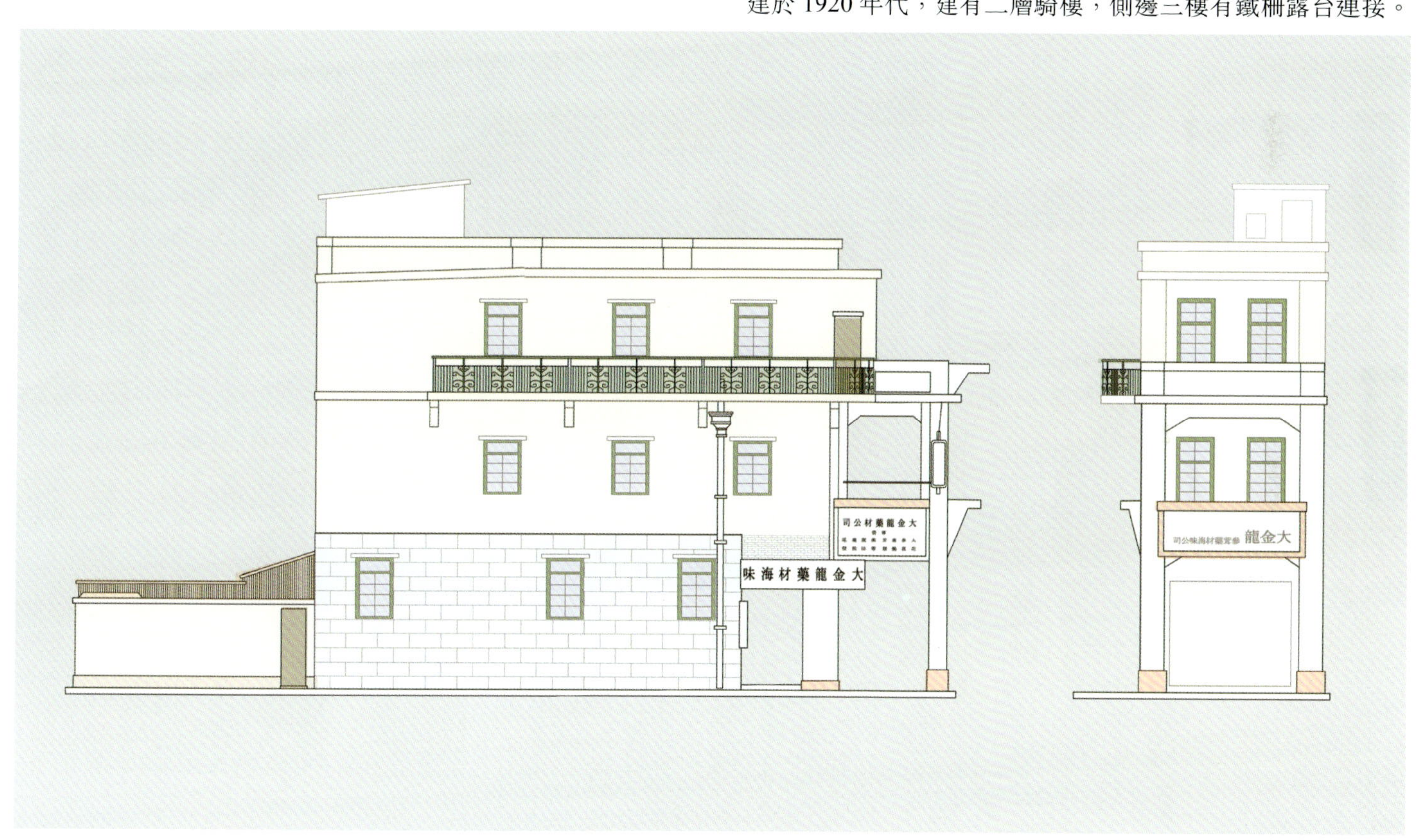

北河街 58 號（2000 年前攝）

建於 1920 年代，樓高三層，建有二層騎樓，側邊三樓有鐵柵露台連接，天台是輕微雙坡地面，樓梯設在後座。屋宇原為成豐押，1970 年成豐押遷往北角馬寶道，屋宇由參茸藥材海味公司接手，側邊的霓虹燈招牌於 2012 年拆卸。

北河街 60 號至 74 號

建於 1920 年代，建有兩層騎樓，60 號和 70 號的二樓和三樓只有後座。

北河街 111 號（2004 年攝）

建於 1930 年代，樓高四層，建有兩層騎樓，欄河由棒條組成，四樓有淺窄露台。與 113 號至 117 號原是同一系列屋宇，117 號有轉角騎樓，兩屋共用一梯，平屋頂，後座後半段每層建有少見的半圓形露台，樓上最初是龍江大茶室。

北河街 111 號（2021 年攝）

北河街 111 號至 117 號

建於 1930 年代，為裝飾藝術風格，建有兩層騎樓，樓頂是三樓的露台，四樓有淺窄露台，有轉角騎樓。

北河街 141 號
恒貞大押
（2000 年前攝）

建於 1930 年代，樓高三層，建有兩層騎樓，137 號至 143 號四幢屋宇原是同一系列，143 號有轉角騎樓。恒貞大押於戰後開業，於 2010 年代結業，霓虹招牌於 2014 年拆除。2017 年翻新後作燒味飯店，外牆由白轉灰。2020 年由基隆茶餐廳承租，地舖外牆轉為黃色。

北河街 141 號（2018 年攝）

北河街 141 號（2004 年攝）

北河街 181 號和 183 號（1997 年攝，已拆卸）

建於 1930 年代，樓高四層，建有兩層騎樓，四樓縮後了一個開間，於 2008 年拆卸。與 185 號和 187 號原是同一系列屋宇，181 號有轉角騎樓，兩屋一梯，每層分左右兩段，平屋頂。

北河街 181 號和 183 號（2004 年攝）

北河街 181 號和 183 號（1997 年攝，已拆卸）

北河街 181 號至 187 號

建於 1930 年代，建有兩層騎樓，四樓縮後了一個開間，有轉角騎樓，兩屋共用一梯。

欽州街 51 號和 53 號
(2000 年前攝，已拆卸)

建於 1932 年，樓高四層，建有四層騎樓，有新古典主義風格元素，每層有愛奧尼式支柱和通花欄河，兩旁支柱科林斯式柱頭，立面有古典裝飾，屋頂的三角楣飾塑有「1932」，一梯共用，每層分左右兩段，平屋頂，於 2024 年拆卸。47 號至 61 號八幢屋宇原是同一系列，兩邊屋宇建有轉角騎樓。

欽州街 51 號和 53 號
(2000 年前攝)

Yen Chow Street
欽州街

欽州街 51 號和 53 號
(2018 年攝)

一梯共用，每層分左右兩段，單位門口開在近後巷的梯台旁。

欽州街 47 號至 61 號

建於 1932 年，建有四層騎樓，為新古典主義風格，兩屋共用一梯，有轉角騎樓。

大埔道 108 號至 110 號（2005 年攝）

建於 1949 年，樓高五層，三樓至五樓是騎台，一梯共用，每層分左右兩段，平屋頂。有裝飾藝術風格元素，塑有石面槽線，梯座外牆是當時流行的水泥格柵，梯口兩旁原有凸出的倒三角形框板。大埔道沒有 112 號至 122 號，104 號至 110 號和 124 號至 134 號十幢屋宇原是同一系列，也是該地段的第一代建築。

Tai Po Road
大埔道

大埔道 128 號（2018 年攝）逸華軒

建於 2001 年，由 124 號、126 號、128 號和 130 號合併發展而來，樓高 30 層，兩條樓梯交疊興建，每條分左右兩段，每段一層樓高，節省了兩個梯台的樓面面積。

窩仔山九龍塘配水庫（2004 年攝）

建於 1904 年，是香港第一個圓形的配水庫，為「九龍水務工程計劃」的一部分，包括興建九龍水塘。1970 年石硤尾食水配水庫啟用，此配水庫停用，其後被人僭建和種樹，因 2020 年 12 月清拆時受到關注而被保育。

Castle Peak Road
青山道

大埔道 54 號（2004 年攝）

建於 1930 年代後期，樓高四層，騎樓兩層，四樓為窄露台，38 號至 58 號原是十幢同一系列的屋宇，兩屋一梯，56 號樓面因三角形地皮而有差異，1960 年代拆卸，樓梯歸 54 號使用。日佔時日軍在這街段拍攝巷戰片，香港重光後，外國傳媒亦在這街段拍攝軍隊巡遊片段。

青山道 301 號和 303 號（2000 年前攝）

建於 1933 年，樓高三層，建有三層騎樓，欄河由水泥欄柵組成，303 號有圓角騎樓，一梯共用，每層分左右兩段，後梯台由轉角梯級取代，後座有長露台，平屋頂。地舖為洪慶海鮮燒臘飯店，自 1972 年開業，於 2019 年遷出。

青山道 301 號和 303 號（2009 年攝）

青山道 301 號和 303 號（2018 年攝）

青山道 454 號（2000 年前攝）

建於 1930 年代，樓高三層，建有兩層騎樓，欄河開有一列圓孔，雙坡頂，有一條直梯，樓面呈「d」字形，後座前段每層建有露台作為通道。於 2010 年代中期翻新，大玻璃替換了圍封的木窗。

青山道 472 號和 474 號（2000 年前攝，已拆卸）

建於 1950 年，是戰後唐樓，樓高四層，樓面「鎖匙」形，地下有閣仔，二樓至四樓為轉角懸臂式騎樓/ 騎台，四樓騎樓較窄，於 2000 年後期拆卸。

Un Chau Street
元州街

元州街 48 號及桂林街 52 號（2018 年攝）

建於 1962 年，樓高六層，原址是元州街 48 號，因依斜坡重建，建成後門牌改為兩個街號，一條樓梯，每層分左右兩段，樓梯口向桂林街，前座元州街 48 號單位與後座桂林街 52 號單位相差半個樓層。

元州街 75 號（2000 年前攝）

建於 1930 年代，樓高三層，建有兩層騎樓，三樓為淺窄露台，四樓往後縮了一個開間，外牆有花飾和星形圖案，通花欄河。與 77 號至 81 號原是同一系列屋宇，兩屋共用一梯，每層分左右兩段。2016 年翻新前，地舖是傢俬店，建有閣仔。

元州街 75 號至 81 號

建於 1930 年代，建有兩層騎樓，三樓為淺窄露台，四樓往後縮入一個開間，兩屋共用一梯。

元州街 142 號（2004 年攝）

建於 1930 年代，樓高三層，建有兩層騎樓，平屋頂，樓面呈「b」字形。2022 年修葺時，以鋁窗替換鋼窗。與 144 號至 156 號 12 幢屋宇原是同一系列，一屋兩梯，共用的樓梯在重建時拆卸，其後與新樓共用新樓梯。

福榮街 62 號（2000 年前攝）

建於 1930 年代，樓高三層，建有兩層騎樓，樓面呈「b」字形，有一條直梯，有古典建築元素，例如通花欄河，挑簷下有齒列，三樓挑簷以兩旁的拱券承托，有陶立克式支柱、花盃、花環花串和星形圖案等，但於 2010 年代翻新時被去除。北河街以東的一段福榮街是玩具批發和零售的集中地，俗稱玩具街，以西一段食肆林立，假日人車如潮。

福華街 14 號至 24 號

建於 1930 年代，建有兩層騎樓，樓頂是三樓露台，四樓有淺窄露台，除梯座外，四樓較三樓後縮一個開間，梯座頂為四坡頂，這種屋宇在深水埗曾有很多幢。

福華街 31 號（2000 年前攝）

建於 1930 年代，樓高三層，中段四層，建有兩層騎樓，兩屋共用一梯。23 號至 31 號五幢屋宇原是同一系列，31 號獨立一梯，樓面呈「d」字形，樓頂有矩形山牆，有古典建築元素，例如支柱上塑有石面槽線和垂帶裝飾。

福華街 133 號（2004 年攝）

建於 1930 年代，樓高四層，騎樓三層，兩屋共用一梯，每層分左右兩段，平屋頂，地下柱頂仍留有古典塑飾。131 號至 137 號四幢屋宇原是同一系列。

福華街 83 號和 85 號（2000 年前攝）

建於 1930 年代，兩屋共用一梯，樓高四層，建有兩層騎樓，四樓設窄露台，平屋頂，兩屋共用一梯，每層分左右兩段，平屋頂。有裝飾藝術風格元素，例如二樓欄河上的波折槽線和方瓶欄杆、挑簷下的齒列、三樓的凸肚欄河等。

長沙灣道 248 號（2004 年攝）

建於 1930 年代，樓高三層，建有三層騎樓，兩屋共用一梯。234 號至 248 號八幢屋宇原是同一系列，因興建地下鐵路，248 號須要拆去騎樓。長沙灣道於 1970 年代和 1980 年代銀行多過米舖，舊區的一段現在是成衣批發及零售的集中地，有成衣街之稱。

鴨寮街 86 號和 88 號（2000 年前攝，已拆卸）

建於 1930 年代，樓高三層，建有兩層騎樓，兩屋一直梯，平屋頂，於 2000 年後期拆卸。74 號至 92 號十幢屋宇原是同一系列，74 號有圓角騎樓。1990 年代以前，深水埗山寨廠林立，南昌街至黃竹街的一段鴨寮街是成衣批發和零售的天光墟，小廠家在早上 7 時前在這裏出售成衣製成品。

鴨寮街 96 號（2000 年前攝，已拆卸）

建於 1930 年代，樓高三層，建有兩層騎樓，有古典建築元素，例如陶立克柱和古典灰塑圖案，樓梯獨立，平屋頂。94 號至 102 號五幢屋宇原是同一系列，102 號側邊二樓建有露台。98 號和 100 號於 1951 年重建為戰後唐樓，樓高四層，樓上為露台，四樓露台較窄，一梯共用，平屋頂，與 96 號同於 2019 年拆卸。

Apliu Street
鴨寮街

鴨寮街 187 號至 189 號

建於 1920 年代，建有兩層騎樓，立面有古典建築元素，雙坡屋頂，樓下設有傳統的趟櫳門。

鴨寮街 187 號和 189 號（2000 年前攝）

建於 1920 年代，樓高三層，建有兩層騎樓，正面有陶立克式支柱，欄河由欖仁形欄杆組成，側邊建有拱券，雙坡屋頂，樓梯獨立，前座背後有露台連接後座，樓下是住宅，有傳統的趟櫳門。189 號地舖為電子零件店，分別於 2010 年和 2023 年翻新成簡單的立面。過往舊樓空置待拆，拾荒者進入屋內拾取舊物在鴨寮街變賣。1970 年代香港電子業發達，過剩的零件集中在鴨寮街出售。

鴨寮街 187 號和 189 號（2008 年攝）

鴨寮街 187 號和 189 號（2004 年攝）

路線 Ⓖ 九龍城線

九龍城在割讓九龍半島時有很多村落，並建立了九龍寨城，為九龍城名字起源。1920 年代，九龍塘發展為花園城市，港府開闢太子道，火車橋以西為有騎樓的樓房，以東則為花園洋房。以衙前圍道為中心的九龍城華人住宅區樓房建有騎樓，往東的啟德濱花園城市發展計劃只完成一半便告失敗。日佔時期，九龍城的警署、街市、醫局、郵局、啟德濱的街道和樓宇，因日軍擴建啟德機場而被清拆。

紅磡以 1863 年成立的黃埔船塢開始發展。1873 年紅磡、鶴園和土瓜灣組成三約。1898 年青洲英泥由澳門遷到紅磡發展。1921 年鶴園電廠設立。1941 年時紅磡的範圍包括漆咸道以東，温思勞街海旁和鶴園街海旁以內的大環山和填海地區。土瓜灣的範圍包括馬頭圍道以東，海旁為宋皇臺道接偉景街直落至榮光街、環安街，斜出至崇安街接鶴園街。三約的華人屋宇都有騎樓，二戰時盟軍軍機轟炸紅磡黃埔船塢，附近一帶大部分樓房被炸毀，現存馬頭圍道 344 號和下鄉道 65 號兩幢戰前華人屋宇。

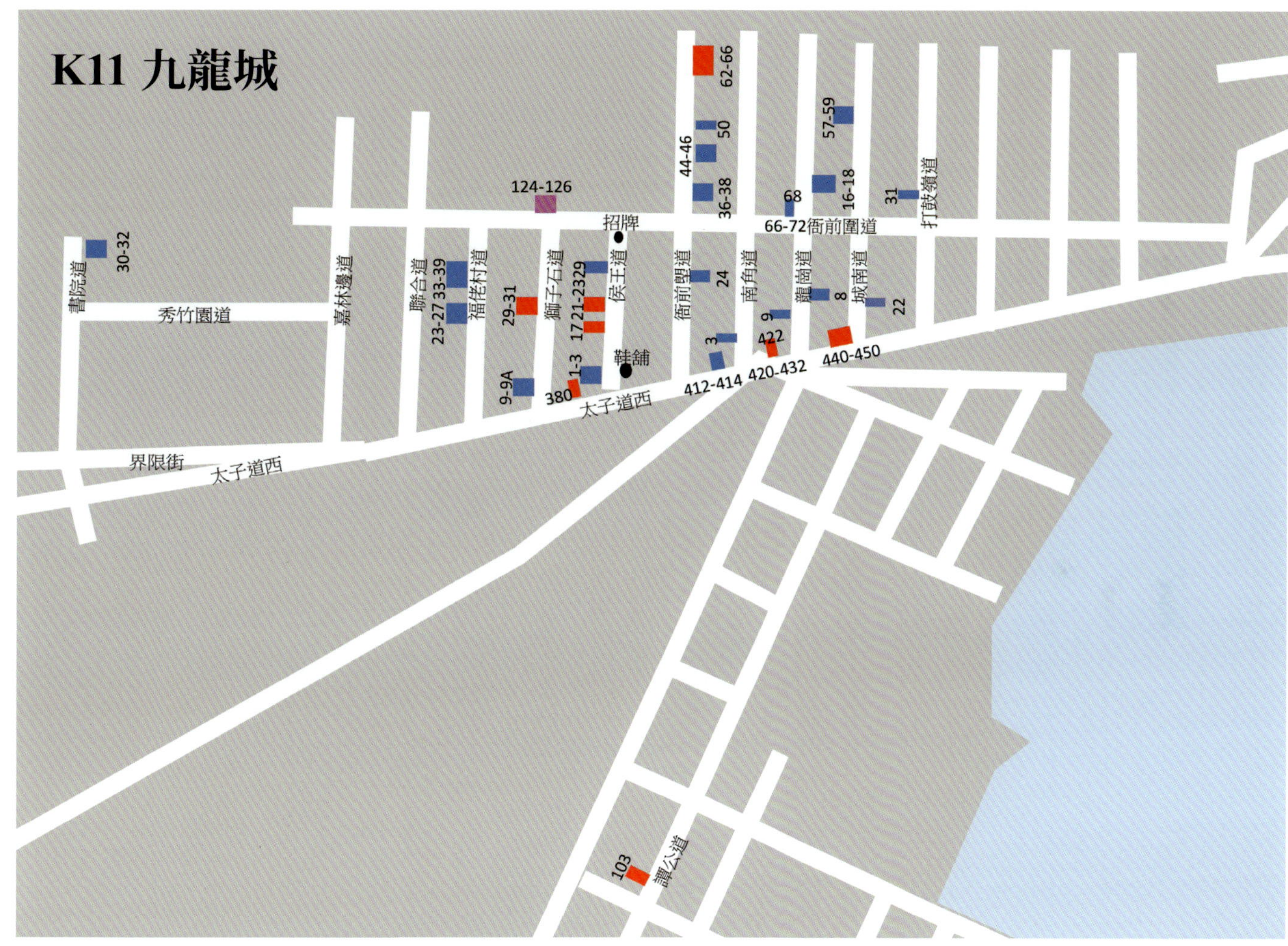
K11 九龍城
62-66
50
44-46
36-38
57-59
16-18
68
31
打鼓嶺道
124-126
招牌
66-72衙前圍道
30-32
書院道
秀竹園道
嘉林邊道
聯合道
23-27 33-39
福佬村道
29-31
獅子石道
1721-2329
侯王道
衙前塱道
24
南角道
龍崗道
8
城南道
22
9
3
422
440-450
鞋舖
1-3
9-9A
380
太子道西
412-414
420-432
界限街
太子道西
103
譚公道

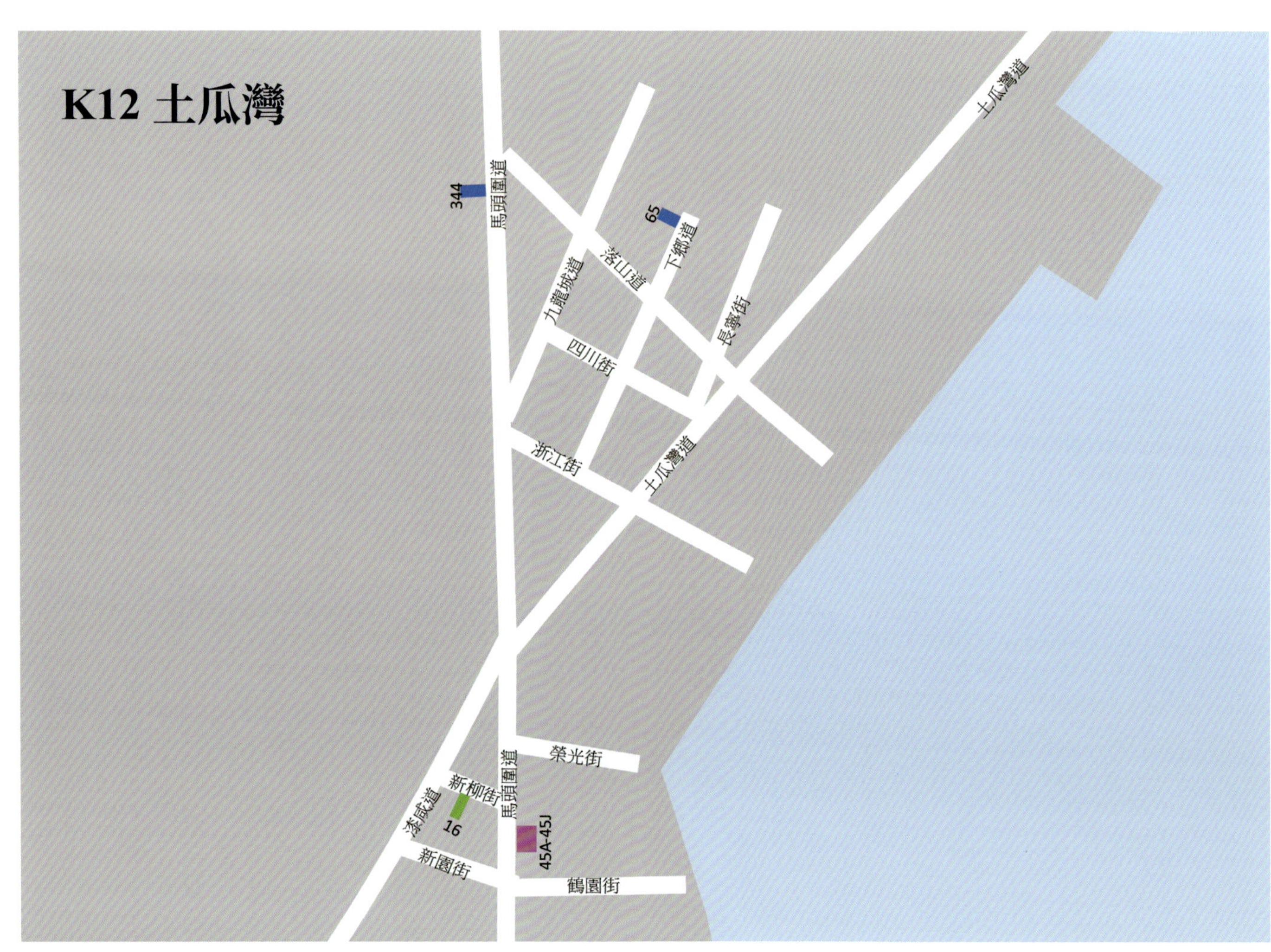
K12 土瓜灣
344
馬頭圍道
65
下鄉道
落山道
九龍城道
長寧街
四川街
浙江街
土瓜灣道
土瓜灣道
榮光街
新柳街
馬頭圍道
漆咸道
16
45A-45J
新圍街
鶴園街

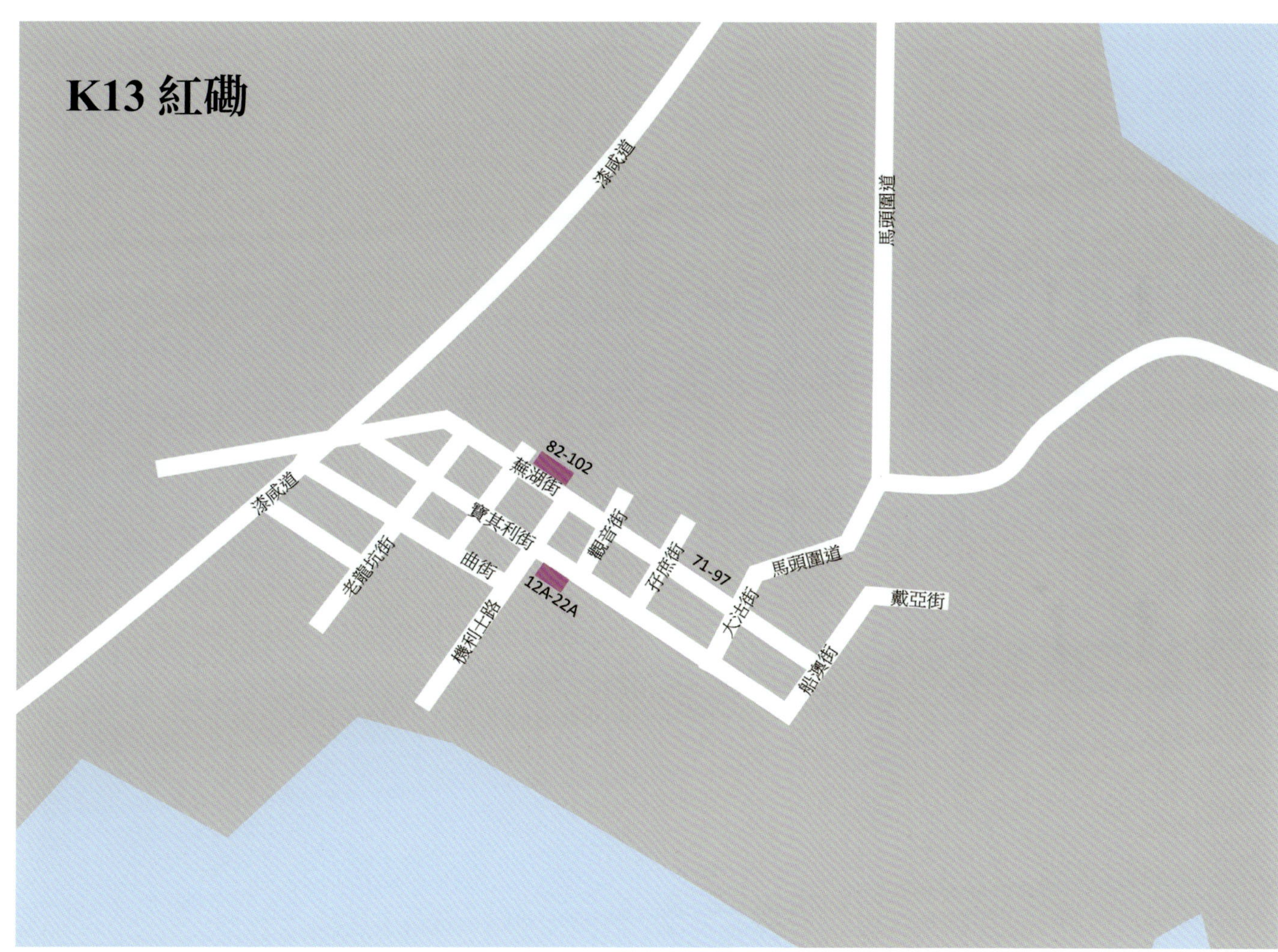
K13 紅磡
漆咸道
馬頭圍道
82-102
蕪湖街
漆咸道
寶其利街
觀音街
老龍坑街
曲街
差館里
71-97
馬頭圍道
12A-22A
大沽街
戴亞街
機利士路
船澳街

衙前圍道 68 號（2000 年前攝）

建於 1935 年，66 號至 72 號四幢屋宇原是同一系列，66 號有轉角騎樓，前座高三層，後座四層，建有兩層騎樓，平屋頂，兩屋共用一條木製直樓梯，欄河由羅馬式方柱組成，牆面塑有古典圖紋和框線等。地舖於 2010 年以前是藥房。

衙前圍道 68 號（2019 年攝）

原本兩屋共用一直樓梯，66 號拆卸重建，梯台一邊的單位門口因而封閉。從直樓梯高處往下望，左邊的門口已被紅磚封閉。

Nga Tsin Wai Road
衙前圍道

衙前圍道 66 號至 72 號

建於 1935 年，建有有轉角騎樓，三層前座，四層後座，兩層騎樓，兩屋一梯。

窩打老道 102 號（2010 年攝）

建於 1930 年代，樓高三層，立面為包浩斯建築風格，實用簡樸、線條簡約，以直線和橫線的結構為主，不講求裝飾，有寬闊的屋簷和大窗，估計與加多利山花園洋房建於同一時期。

書院道 30 號和 32 號（2013 年攝）

估計建於 1930 年代，位於書院道的「書院」是喇沙書院，花園洋房樓高三層，兩屋一梯，平屋頂，是九龍仔山一帶現存的唯一戰前住宅。

福佬村道 23 號至 27 號（2025 年攝）

建於 1940 年代，23 號和 25 號樓高四層，兩屋一梯，每層分左右兩段。二樓至四樓有獨立露台，四樓露台較為淺窄，樓面呈凸字形，平屋頂。27 號前座三層，後座四層，獨立一梯，二樓露台相連，三樓露台獨立，平屋頂。27 號與 29 號至 35 號五幢屋宇原是同一系列。

福佬村道 33 號和 35 號（2025 年攝）

建於 1940 年代，樓面呈凸字形，平屋頂。前座三層，後座四層，兩屋一梯，與 27 號原是同一系列屋宇。

福佬村道 37 號和 39 號（2025 年攝）

建於 1940 年代，樓面呈凸字形，平屋頂。37 號和 39 號樓高四層，兩屋一梯，每層分左右兩段，二樓至四樓有獨立露台，四樓露台較為淺窄。

衙前圍道 124 號和 126 號（2000 年前攝，已拆卸）

建於 1949 年，樓高四層，二樓至四樓有獨立露台，側面和後座每層建有半圓形露台，兩屋共用一梯，梯座牆面為水泥格柵，樓頂有紅星大圓牌標記，俗稱「星屋」，於 2012 年拆卸。業主曾是九龍城大地主，創辦九龍城地標——國際戲院，興建星屋作為國際百貨公司，地下做國際超級市場。

獅子石道 9 號和 9A 號（2025 年攝）

建於 1930 年代，樓高四層，兩屋共用一梯，樓面凸字形，平屋頂，二樓和三樓有相連露台，四樓有較為淺窄的獨立露台，圍欄有裝飾藝術風格的線條，樓頂有弧形山牆。獅子石道是 70 年代左右出口貨尾店的集中地。

獅子石道 29 號和 31 號（2004 年攝）

建於 1930 年代，樓高三層，二樓和三樓建有露台，一梯共用，每層分左右兩段，平屋頂，有裝飾藝術風格元素，例如欄河以粗身的直和橫條組成，樓頂有放射線條的扇狀山牆，和衙前塱道 36 號和 38 號一樣。

Lion Rock Road
獅子石道

侯王道 1 號和 3 號（2000 年前攝）

建於 1935 年，樓高三層，建有兩層騎樓，兩屋一直梯，平屋頂，有裝飾藝術風格元素，欄河開長孔配圓欄杆。樂口福酒家於 1954 年開業，大廳有一對龍鳳雕刻、牆上有毛筆手寫的潮州菜式。

Hau Wong Road
侯王道

侯王道 2A 號旁　達光鞋舖（2019 年攝）

是典型的牆邊檔，於 2024 年因舊區重建結業。

侯王道 17 號（2004 年攝，已拆卸）

建於 1930 年代，樓高四層，平屋頂，於 2000 年代後期拆卸。原與 19 號為同一系列，兩屋共用一梯，每層分左右兩段，二樓至四樓建有露台，有裝飾藝術風格元素，例如欄河塑有或橫或直的石面槽線。

侯王道 21 號和 23 號（2000 年前攝，已拆卸）

建於 1930 年代，樓高四層，平屋頂。侯王道 21 號騎樓高兩層，四樓有淺窄露台，樓面呈「d」字形，有獨立樓梯。23 號原與 25 號為同一系列，一梯共用，每層分左右兩段，二樓至四樓有露台，四樓露台較為淺窄，有裝飾藝術風格元素，欄河由花紋框格組成。21 號和 23 號地下和二樓在拆卸前是金記火鍋海鮮酒家，二樓立面飾有傳統的夔龍紋。

侯王道 29 號
（2000 年前攝）

建於 1930 年代，樓高四層，建有兩層騎樓，四樓有淺窄露台，樓面呈「b」字形，平屋頂，欄河開長孔配圓欄杆，支柱有裝飾藝術風格的垂直條紋。和侯王道 1 號和 3 號是同一系屋宇。

侯王道 29 號
（2019 年攝）

侯王道
舊樓和街上招牌
（2000 年前攝）

Nga Tsin Long Road
衙前塱道

衙前塱道 24 號（2000 年前攝）

建於 1935 年，樓高三層，建有兩層騎樓。地舖於 1940 年用作大和堂參茸藥行，藥行於 2017 年結業。2018 年屋宇活化為咖啡店，保留了入口的金漆招牌、鐵閘和一些內部陳設，包括百子櫃。

衙前塱道 24 號（2019 年攝）

衙前塱道 36 號和 38 號（2004 年攝）

建於 1930 年代，樓高三層，後座四層，二樓和三樓建有露台，一梯共用，每層分左右兩段，平屋頂，有裝飾藝術風格元素，例如欄河以粗身的直和橫條組成，樓頂有放射線條的扇狀山牆。

衙前塱道 44 號和 46 號（2000 年前攝）

建於 1930 年代後期，樓高三層，後座四層，建有一層騎樓，平屋頂，四條支柱按舖位外緣分佈，二樓建有露台，有裝飾藝術風格元素，欄河以粗身的直和橫條組成，模式與 36 號和 38 號相似，只是多了四條支柱。40 號和 42 號原為相同系列屋宇。

衙前塱道 44 號和 46 號（2004 年攝）

衙前塱道 50 號（2004 年攝）

建於 1930 年代後期，樓高三層，後座四層，平屋頂，二樓和三樓建有露台，原與相同造形的 52 號一梯共用，每層分左右兩段，有裝飾藝術風格元素，例如欄河塑有一組平行但部分波折的平行線條，梯口門框有藝術風格圖案。54 號和 56 號原為相同系列屋宇。

衙前塱道 62 號至 66 號（2000 年前攝，已拆卸）

建於 1930 年代後期，立面大部分細節在翻新時被物料覆蓋或去除，但造型與衙前塱道 44 號和 46 號一致，有裝飾藝術風格元素，例如二樓欄河塑有「×」線條，三樓欄河塑有一組平行橫向長線，於 2010 年拆卸重建。與 68 號原是同一系列屋宇。

南角道 3 號（2004 年攝）

建於 1934 年，樓高三層，建有兩層騎樓，有一條直梯，平屋頂。估計 1 號至 5 號三幢屋宇原是同一系列，2010 年代中期把騎樓圍封物拆除，但三樓仍保留木門窗，樓頂的曲線山牆印有花紋圖案。地舖原是五金舖，2021 年用作咖啡室，保留了五金舖的招牌和鐵閘。

南角道 3 號（2024 年攝）

Nan Kok Road
南角道

Lung Kong Road
龍崗道

龍崗道 8 號（2000 年前攝）

建於 1930 年代初期，樓高三層，建有兩層騎樓，後座四層，平屋頂，原與 6 號共用一直梯，連同 10 號原是同一系列屋宇，有古典建築元素，例如欄河塑有連串的三角形，一樓挑簷下的齒列，柱身的灰塑石面槽線，柱頭的星和柱頂的花盆裝飾等，於 2000 年代後期翻新時換走了圍封的木窗。

龍崗道 9 號（2000 年前攝）

建於 1930 年代初期，樓高三層，建有兩層騎樓，平屋頂，原與 11 號為同一系列屋宇，但各有一直樓梯，兩屋樓面合成凹字型，支柱柱頭為托斯卡尼式，欄河由倒轉馬蹄腿型欄杆組成，但於 2000 年後期翻新時以牆面替代。

龍崗道 16 號和 18 號（2000 年前攝）

建於 1930 年代，樓高四層，建有兩層騎樓，四樓為騎樓，兩屋共用一梯，平屋頂，有裝飾藝術風格元素，欄河開長孔配圓欄杆，與侯王道 1 號和 3 號及 29 號是同一模式。與 20 號和 22 號原是同一系列屋宇。

城南道 22 號（2000 年前攝）

建於 1930 年，樓高四層，單邊樓，樓梯建於後座，二至四樓有露台，四樓露台較為淺窄，平屋頂。24 號至 26 號原為一組樓高三層並有兩層騎樓的華人屋宇，估計較 22 號更早落成，1989 重建後遺下與 22 號相貼的騎樓柱，一邊有斷口，向 22 號的一面完整。欄河、外牆和支柱都有「華安大押」字樣，霓虹招牌於 2022 年拆除。華安大押於 1951 年開業，於 2025 年遷往衙前圍道 64 號 7 號舖。

城南道 57 號和 59 號（2000 年前攝）

建於 1930 年代，樓高三層，建有兩層騎樓，平屋頂。與 61 號原是同一系列屋宇，57 號樓面呈「d」字形，59 號和 61 號共用一梯。59 號地舖是和記隆餅。地下騎樓以傳統琉璃瓦頂牌坊設計裝飾，兩層樓高的霓虹招牌其後改為鐵面招牌，2010 年又拆走招牌，牌坊於 2022 年被拆走。

打鼓嶺道 31 號（2000 年前攝）

建於 1930 年代，樓高三層，建有兩層騎樓，兩屋共用一梯，雙坡頂，欄河由羅馬式方柱組成。原與 33 號至 41 號為同系列屋宇，31 號地舖曾是潮州菜館，於 2000 年中期大翻新。

下鄉道 65 號（2004 年攝）

建於 1932 年，樓高三層，建有兩層騎樓，雙坡屋頂，兩屋共用一條直梯，欄河由十字花磚組成，地下和二樓柱頭為托斯卡尼式。2020 年曾粉飾外牆，地舖是紙行。51 號至 65 號八幢原是同一系列屋宇。

下鄉道 65 號（2004 年攝）

馬頭圍道 45D 號、45E 號和 45F 號、45G 號和 45H 號、45J 號（2004 年攝，已拆卸）

樓高五層，二樓至五樓有露台，頂層露台較為淺窄，45J 號為單邊屋一屋一梯，其他是兩屋一梯。2010 年 1 月 29 日，45J 號地舖在裝修時拆除主力牆，引致全幢倒塌，相連的 45H 號亦嚴重損毀，事件造成 4 人死亡，2 人受傷，是戰後罕見的塌樓事件。馬頭圍道 43A 號至 45J 號（沒有 45I）18 幢屋宇為同一系列，1955 年建成，2020 年重建完成。

Ma Tau Wai Road
馬頭圍道

馬頭圍道 344 號（2004 年攝）

建於 1930 年代初期，樓高三層，建有三層騎樓，欄河飾有一組裝飾藝術風格的平行線條，柱頭是塔斯卡尼式，雙坡頂。與 342 號原是同一系列屋宇。

譚公道 103 號
(2004 年攝，已拆卸)

建於 1930 年代，於 2009 年拆卸，與 101 號設計差不多，單層，平屋頂，只是窗花設計不同，屋楣高度不一樣。103 號是華人牛奶消毒公司，101 號是順利消毒有限公司，現址屋宇於 1988 年入伙。

新柳街 16 號
(2004 年攝)

建於 1956 年，樓高四層，二樓至四樓露台往上逐層收窄，平屋頂，兩旁留下上一代的騎樓支柱，獨一無二。1920 年代，2 號至 22 號有 11 幢有騎樓的屋宇，16 號和 18 號為同一系列，16 號較先拆卸，但不能拆走兩旁騎樓的支柱，只能在兩柱之間興建露台。兩旁屋宇其後重建，遺下了與 16 號相連的騎樓支柱。

寶其利街 12A 號至 22A 號（2004 年攝，已拆卸）

建於 1956 年，寶其利街 12A 號和 12B 號樓高八層，樓上有轉角大騎樓。14 號至 22A 號六幢屋宇，樓高七層，二樓至七樓有獨立露台，露台自三樓往上逐層收窄，兩屋共用一梯，梯座牆面為水泥格柵，平屋頂，於 2010 年代後期開始拆卸重建。

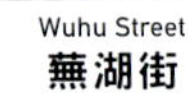

燕湖街 82 號至 102 號（2004 年攝，已拆卸）

建於 1954 年，四層高的戰後唐樓，二至四樓有懸臂式露台 / 騎台，兩屋共用一梯，平屋頂。二戰時盟軍轟炸日佔黃埔船塢，燕湖街和寶其利街東段樓宇被波及，但 82 號至 102 號一列十幢屋宇並未受損，於 1954 年建成十幢同系列屋宇，於 2004 年開始拆卸重建。

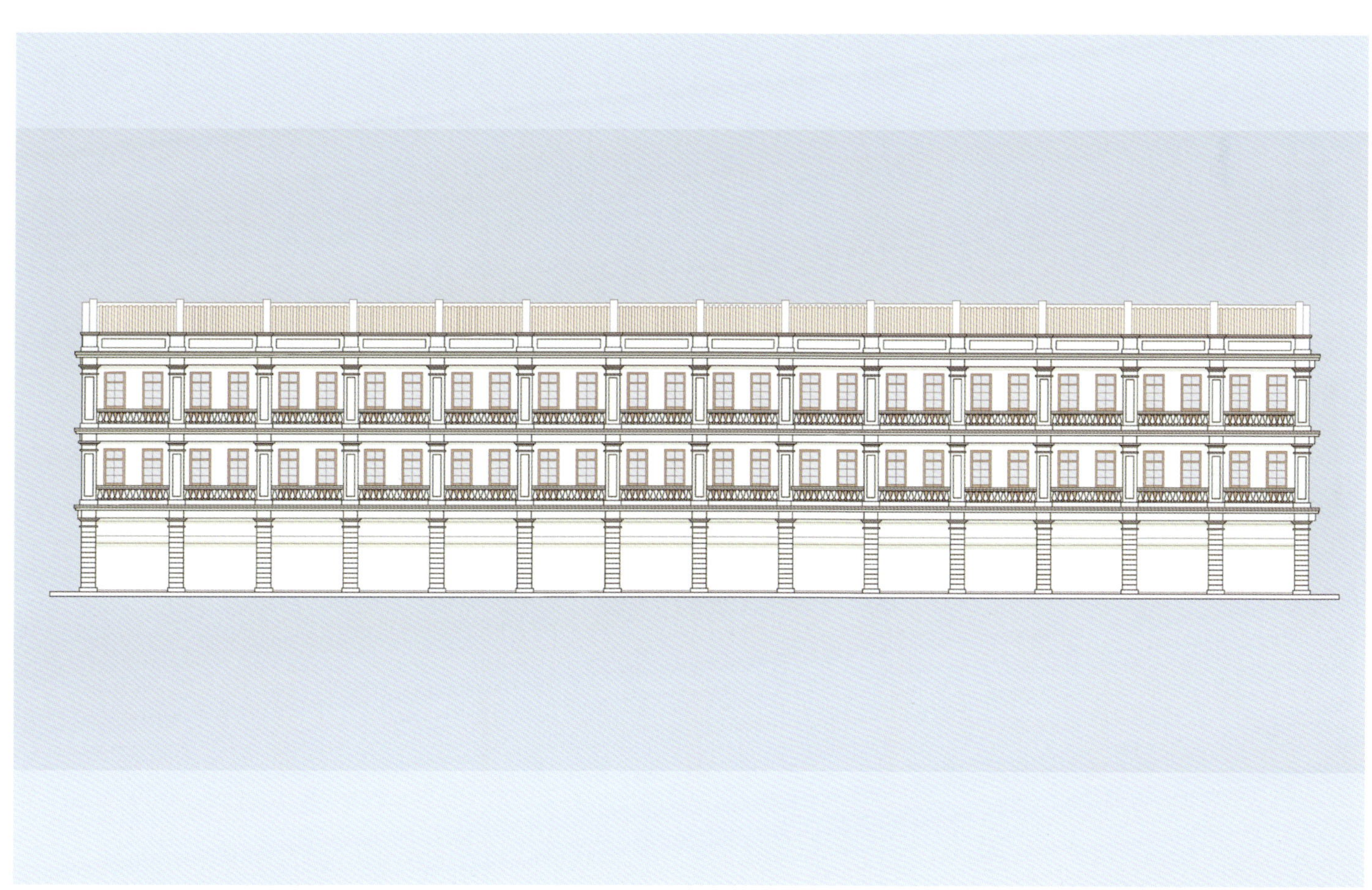

燕湖街 71 號至 91 號

建於 1920 年代，建有三層騎樓，雙坡屋頂，對面是單層的燕湖街街市。

第三章

Garden City

花園城市漫遊

消逝的梭椏花園城市

1913 年葡萄牙人梭椏（Francisco Paulo de Vasconcellos Soares）在購入現今何文田的火車路、窩打老道和亞皆老街範圍以內地段，發展梭椏花園城市，建立在港葡萄牙人的理想社區。1919 年完成土地平整工程並開始興建洋房。至戰前為止，完成了第一期，有 50 組花園洋房，分佈於太平道、自由道和勝利道，第二期尚未完成，只建了大約 10 組洋房，分佈於梭椏道、艷馬道和棗梨雅道。梭椏花園城市原是葡國人的社區，戰後逐漸由華人收購或重建，1997 年時已全部消失。梭椏花園城市的建立，得到葡商布力架（José Pedro Braga）和英格蘭裔議員義德（Charles Montague Ede）的欣賞，希望這個計劃能夠擴展到九龍塘。在他們的支持下，嘉道理家族完成了加多利山花園城市計劃，義德也帶頭發展九龍塘花園城市。山頂區亦有不少戰前洋房，新界的戰前西式屋宇亦為數不少，還有很多特色的戰後唐樓和社區設施。

路線 Ⓗ 加多利山花園城市

本書以戰前華人屋宇為主題，故未有深入介紹港九兩地的戰前花園洋房。加多利山花園城市於 1934 年開始興建，1941 年建成 34 幢洋房和聖佐治閣中座，現存 28 幢，全是嘉道理家族的物業，戰後增建至 85 幢和完成聖佐治閣，由嘉道理家族旗下的嘉道理置業有限公司（Kadoorie Estates Limited）管理，總稱「The Kadoorie Estate」，多年來一直只租不賣，加多利山另有很多座花園洋房，是私人物業。加多利山花園洋房主要分為單幢別墅和雙連洋房，前者有嘉道理道 24 號，後者有嘉道理道 61 號和 63 號，及嘉蘭別墅。除了 The Kadoorie Estate，還有其他私人別墅在戰後落成，1984 年山上共有 124 個街號洋房。The Kadoorie Estate 的洋房以簡約為主，承襲「包浩斯」（Bauhaus）強調的實用性，洋房外牆均使用簡潔的白色、線條分明，採用橫向線條、舷窗等建築元素，大部分相連洋房都屬於四種系列之一。由於廣植花草樹木，不少建築物的外貌很難被看得清楚。

加多利山花園洋房街號名錄

街名	街號
嘉道理道	2 號和 4 號、6 號、21 號、24 號、26 號和 28 號、29 號、31 號、43 號和 45 號、47 號和 49 號、51 號、57 號和 59 號、61 號和 63 號、65 號和 67 號、75 號和 77 號、91 號和 93 號
布力架街	4 號、6 號、8 號

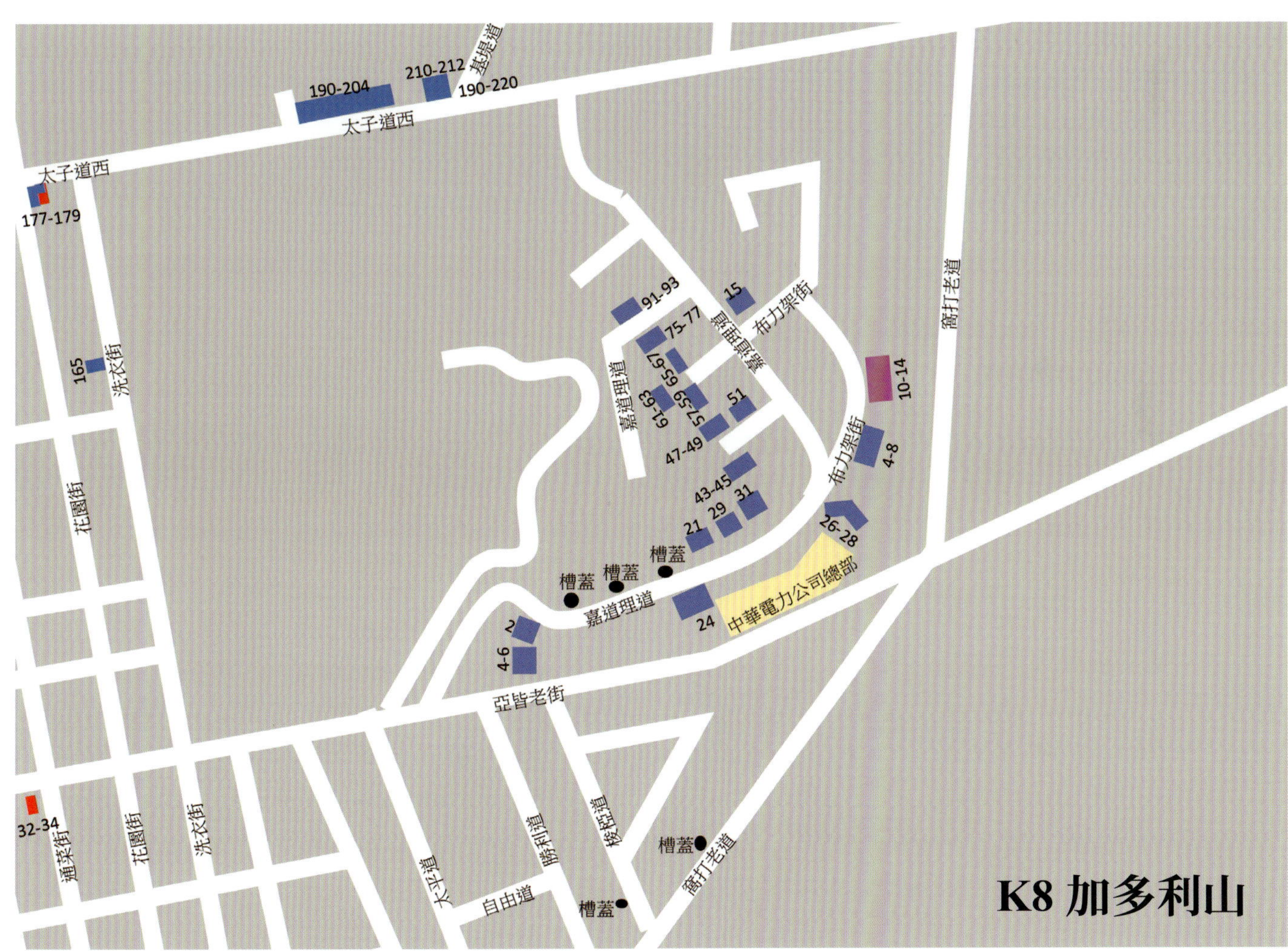
190-204
210-212
基堤道
190-220
太子道西
太子道西
177-179
165
洗衣街
花園街
91-93
15
75-77
嘉道理道
布力架街
65-67
61-63
57-59
51
47-49
10-14
窩打老道
布力架街
4-8
43-45
31
21
29
26-28
槽蓋
槽蓋
槽蓋
槽蓋
中華電力公司總部
嘉道理道
24
2
4-6
亞皆老街
32-34
通菜街
花園街
洗衣街
太平道
勝利道
梭椏道
槽蓋
窩打老道
自由道
槽蓋
K8 加多利山

嘉道理道 24 號（2010 年攝）

為羅蘭士· 嘉道理（Lawrence Kadoorie）的住宅，在山坡的一邊建有地庫。

嘉道理道 61 號和 63 號（2018 年攝）

為兩幢雙連洋房，與 43 號和 45 號、57 號和 59 號、65 號和 67 號為同一系列屋宇。

嘉道理道 91 號和 93 號（2010 年攝）

為兩幢雙連洋房，與 75 號和 77 號為同一系列屋宇。

布力架街 10 號、12 號和 14 號（2018 年攝，已拆卸）

建於 1954 年，貼街為車房，較高的主樓在山坡的一邊，樓高兩層，與車房隔着一個小庭院，2023 年拆卸。

亞皆老街 139 號至 147 號　中華電力總辦事處（2000 年前攝）

建於 1940 年，宿舍於 2012 年拆卸以重建住宅大廈。2023 年總部大樓用作中電鐘樓文化館。

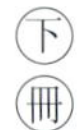

路線 Ⓚ 九龍塘花園城市

九龍塘花園城市於 1922 年由前立法局議員義德開發（C. Montague Ede），九龍塘及新界發展公司（Kowloon Tong and New Territories Development Co.）負責興建，範圍包括窩打老道以西、界限街以北、火車路以東和歌和老街以南的範圍，1929 年完成興建 250 組花園洋房。以金巴倫道、雅息士道和施他佛道洋房最先建成，發展最高地積比率和層數分別為 0.6 及三層，有不少英國富商居住，戰後則有大量華人購入定居。估計現存 94 組，但大多數有大幅度的改建或擴建。原有四種主要的標準平面房型，最受歡迎的一種花園洋房是地下為客廳、飯廳、廚房、浴室和傭人房，樓上是一大兩小睡房和浴室。也有的不是標準設計，例如約道 2 號和 13 號。正立面普遍有外廊，或是外廊中央有弧形露台，有的有凸肚形構造，有的是地下有弧形大遊廊，也有的沒有外廊，屋頂又分為四坡頂和平屋頂兩種。由於高度限制，不能發展為高樓大廈，只能向四邊擴建，戰後主要用作住宅、老人院、學校、時鐘酒店、婚紗攝影店、宗教場所和團體辦事處等。

九龍塘花園洋房街號名錄

街名	街號
林肯道	8 號
雅息士道	1 號、2 號、3 號、4 號、5 號、16 號
律倫街	1 號、3 號、4 號、6 號、7 號、8 號
約道	2 號 ###、4 號、10 號、11 號、13 號 ###、14 號
羅福道	1 號、4 號、6 號、7 號 ###、8 號、9 號、10 號
沙福道	1 號、8 號、11 號、12 號
森麻實道	5 號、7 號、10 號、12 號、14 號
窩打老道	101 號、102 號、103 號、105 號、107 號、155 號、157 號、159 號
金巴倫道	3 號、4 號、5 號、6 號、7 號、8 號、12 號、14 號、15 號、16 號、17 號、20 號、21 號、22 號、24 號、29 號、30 號、32 號、35 號、37 號、39 號、41 號、43 號、45 號、51 號、57 號、61 號、63 號
舒梨道	1A 號
根德道	4 號、7 號、9 號、13 號、27 號、29 號
德雲道	1A 號、2 號、8 號、9 號
施他佛道	1 號、5 號、7 號、11 號、15 號、16 號、17 號、19 號、21 號、23 號、25 號、27 號、29 號

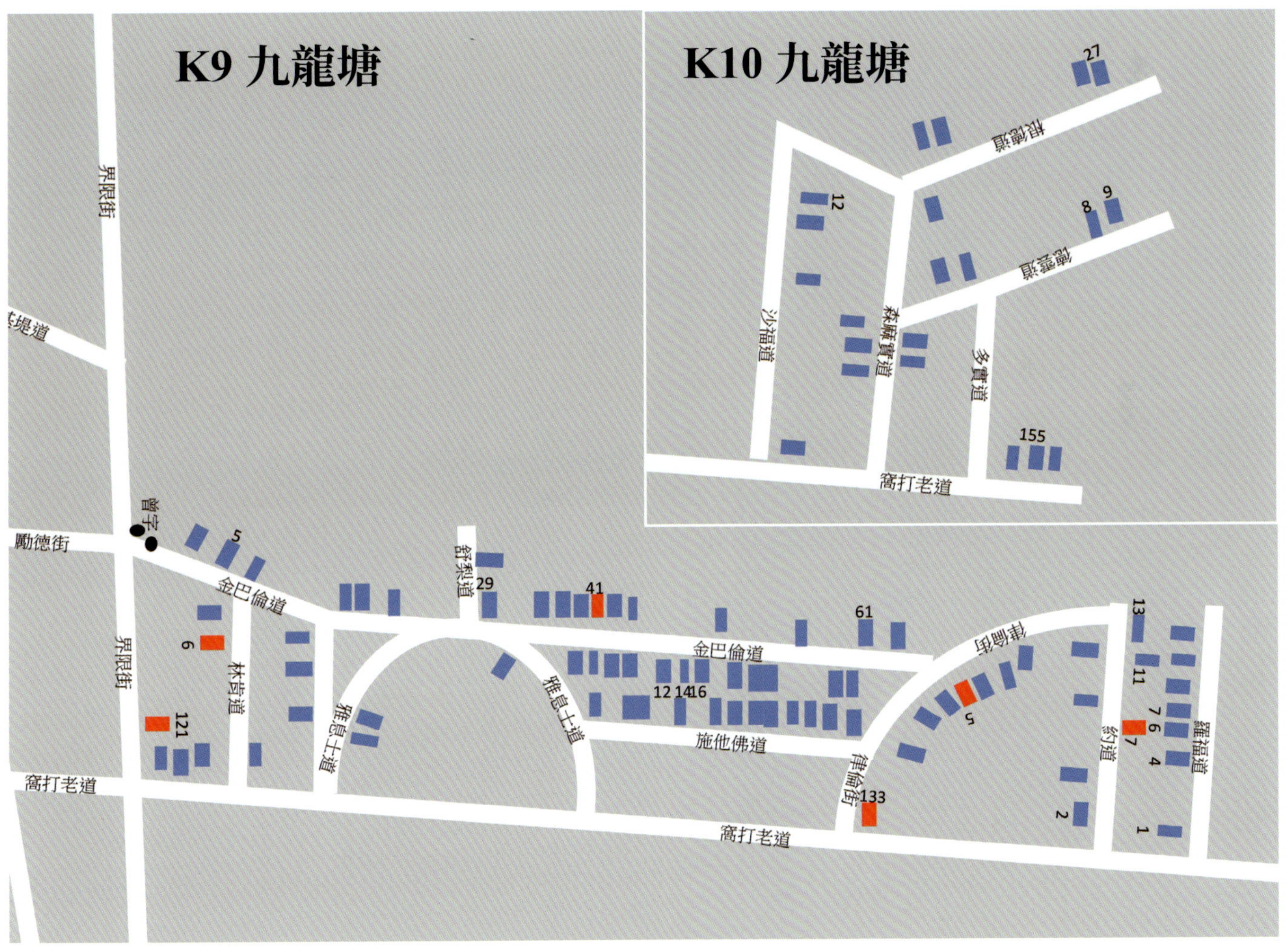

K9 九龍塘
K10 九龍塘
界限街
太子道
勵德街
金巴倫道
舒梨道
林肯道
雅息士道
施他佛道
律倫街
約道
羅福道
窩打老道
根德道
沙福道
森麻實道
德雲道
多實街

金巴倫道 5 號（2000 年前攝）

拍攝時仍保存原貌，當時用作老人院。

金巴倫道 29 號（2000 年前攝）

保存原貌，標準房型。

金巴倫道 12 號、14 號（2000 年前攝）

保存標準房型，四坡屋頂，拍攝時 12 號是老人院，14 號是幼稚園，現在都是幼稚園。

金巴倫道 16 號（2000 年前攝）

保存標準房型，四坡屋頂，現在已恢復遊廊原貌。

金巴倫道 12 號至 16 號

建於 1920 年，典型的九龍塘花園城市中的花園洋房。

金巴倫道 41 號（2000 年前攝，已拆卸）

保存標準房型，四坡屋頂，已圍封成時鐘酒店羅曼酒店，曾是李小龍的住所栖鶴小築，2019 年拆卸。

金巴倫道 61 號（2000 年前攝）

保存標準房型，四坡屋頂，用作宗教場所鹿野苑。

界限街 171 號（2000 年前攝，已拆卸）

拍攝時屋宇用作加拿大國際學校，於 2010 年代後期拆卸重建，2019 年新樓接近完成時突然停工，據悉新業主家人取消回港居住新屋，物業在未取得入伙紙前轉讓可以繳交較低的稅項，故一直空置。

林肯道 6 號（2000 年前攝，已拆卸）

保存原貌，標準房型和平屋頂，2010 年拆卸。

雅息士道 16 號（2000 年前攝）

保存原貌，不是標準房型，樓面由兩個矩形組成，前座的右半邊與後座的左半邊相連，前座後段左邊留有附翼。

律倫街 5 號（2000 年前攝，已拆卸）

拍攝時是時鐘酒店，保留標準房型，四坡屋頂已改為平屋頂，2019 年拆卸。

約道 2 號（2000 年前攝）

拍攝時仍保存原貌，樓面由一大一小並排但分開的矩形組成，具有古典建築元素。

約道 2 號

建於 1920 年代，九龍塘花園城市中設計特別的花園洋房。

約道 7 號（2000 年前攝）

拍攝時仍保存原貌，標準房型，但四坡頂已改為平屋頂，後半部的第三層於 1970 年代初加建，2012 年與 5 號重建時因僭建地庫而引起社會關注。

約道 11 號（2000 年前攝）

保存原貌，樓面呈矩形，四坡屋頂，前面有遊廊。

約道 13 號（2004 年攝）

保存原貌，樓高三層，樓面由幾組矩形組成，平屋頂，右邊和後面偏右附建兩層高的弧形小樓，具有裝潢藝術風格的線條紋飾。

羅福道 1 號（2000 年前攝）

保存原貌，平面矩形，後座部分是後來加建，拍攝時是青揚幼稚園。

羅福道 4 號、6 號和 7 號（2000 年前攝）

4 號和 6 號保存原貌，前面有凸肚形小樓，平屋頂，用作國際英文幼稚園。

沙福道 12 號（2000 年前攝）

拍攝時仍保存原貌，為宗教團體的場所，現已裝修成傳統建築外型。

羅福道 6 號和 7 號（2000 年前攝）

保存原貌，6 號前面有凸肚形小樓，平屋頂，用作國際英文幼稚園。7 號是標準房型，四坡屋頂。

根德道 27 號（2000 年前攝）

保存標準房型，四坡屋頂。

德雲道 8 號和 9 號（2000 年前攝）

保存標準房型，8 號有四坡屋頂，9 號是平頂，2000 年代已改裝修成現代建築。

窩打老道 133 號（2000 年前攝，已拆卸）

拍攝時是方濟會院，於 2000 年拆卸重建新會院。

窩打老道 155 號（2000 年前攝）

拍攝時仍保存原貌，為婚紗攝影店。

結語

曾幾何時，戰前華人屋宇遍佈港九，數以萬計，人寓居其中，帶出多少相思情義，又帶出多少迷惘。1997年時，港九的戰前舊樓，筆者找到374幢369個街號，而今只餘268幢和263個街號，只有141幢戰前華人屋宇被評為歷史建築，3幢為法定古蹟；另外有28個街號的加多利山的戰前花園洋房和94個街號的戰前九龍塘花園洋房，當中只有3幢為三級歷史建築。總計有490個街號的戰前屋宇，當中有144幢戰前住宅樓宇被評為歷史建築或法定古蹟。在全港1248項被確定或評為歷史建築和136項法定古蹟總數當中，戰前屋宇僅佔一成，而且還在不斷減少，正是聚散終有時，相分不必相送。

現存的戰前華人屋宇以深水埗和九龍城最為集中，當中以深水埗的舊樓最多裝飾和最多樣化，灣仔和旺角的則大多已被活化，猶如洗脱了歷史風塵，沾再生之德，煥然一新。在界限街與欽州街之間的深水埗舊區灑走一回，便會找到29幢戰前樓宇，各式各樣，1997年時還有9幢未拆。沿衙前圍道行一趟，向兩旁各踏一段馬路，總共20幢戰前華人屋宇，它們經歷幾許風雨，屹立至今。

原本上海街600號至626號有10幢戰前華人屋宇，在朗豪坊未發展前，該處上海街段也有9幢戰前舊樓，兩段上海街合共19幢戰前華人屋宇，包括同昌大押，其餘是唐樓和已拆了樓的圍封曠地。在1997年時這裏可說是全港最長的華人屋宇騎樓群，上海街600號至626號有10幢騎樓雖然被保留和活化，但已失卻住戶的「人氣」，猶如用久了的宜興茶壺，茶漬被擦得乾乾淨淨。太子道西190號至212號之間10幢騎樓，可説是目前全港最長的戰前華人屋宇騎樓群，有皮相和骨相，人住商用，相得益彰，彌足珍貴，甚具歷史價值；加上花墟市集，文化和生活氣息濃厚，五味紛陳，見慣風雨，見慣改變，盡視作自然。

隨着各處舊區重建，戰後才出現的一排又一排富有建築年代特色的唐樓也陸續消失，那是第四代的華人屋宇，見證香港的戰後復甦和騰飛發展，滿有氣象，都是值得保留的。只見元州街、巴域街、海壇街等處的連排唐樓已拆得乾乾淨淨，換上了高聳入雲的豪華大廈，市區天際線變得參差錯落，像鬆緊不對稱的琴。類似士丹頓街的活化項目可要普及一些，不要讓香港每個年代的住宅建築消失，出現文物斷層，屆時筆者又要執筆寫一本《戰後華人屋宇與民生》了。

附錄：現存戰前華人屋宇漫步路線推薦

1. 堅尼地城線

吉席街電車總站起步，沿厚和街東行至士美菲路，轉入卑路乍街至山市街，乘升降機及扶手電梯上至青蓮臺 9 號，落石級至太白臺 8-9 號。

2. 西營盤線

西營盤站 C 出口起步，東行至般咸道 35 號，從正街下至高街 20-24 號，東行至東邊街轉入第三街 18-24 號，至正街乘扶手電梯上至餘樂里 9-12 號，落正街往返德星里，返回第三街西行至 160 號，沿薄扶林道至皇后大道西 360-362 號，西行轉入水街至德輔道西 380 號，東行至 207 號，轉上正街至皇后大道西，轉入和風街到高陞街 15 號。

3. 中上環線

中環站 C 出口起步，沿德輔道中西行，往返利源東街 17 號和 18 號，往返砵甸乍街 22 號，入永和街，再西行至文咸東街 121 號，中間往返禧利街 3-5 號，往返文咸西街 12 號，至皇后大道西 1 號，東行皇后大道西至摩利臣街，轉入蘇杭街 112 號至威靈頓街口，沿威靈頓街至閣麟街，中間往返嘉咸街 26A-26C 號，往返士丹利街 80 號，乘扶手電梯上至羅便臣道，途經閣麟街 36 號、荷李活道 20 號，到羅便臣道 15 號後轉入摩羅廟街，入清真寺到些利街 30 號，出些利街入太子臺，下至堅道往西行，經衛城道 7 號至城皇街，下石級到永利街、必列者士街 29-35 號、士丹頓街 60-90 號，往返華賢坊西和中和里，再到士丹頓街 37-41 號，經卑利街到荷李活道 60-66 號，再西行經文武廟至水街 36 號。

4. 灣仔線

灣仔站 D 出口到莊士敦道 108 號和太原街 18 號，折返至莊士敦道 60A-64 號，轉入船街 18 號，往返遠望 55 號，東行皇后大道東，轉入石水渠街 72-74A 號，往返景星街 8 號、往返慶雲街 2-8 號和 3 號，轉入吉安街，經堅彌地街，灣仔道至巴路士街和茂蘿街，至史釗域道 6 號，中間往返駱克道 284-286 號，再西行至謝斐道 163 號，最後西行至駱克道 109-111 號。

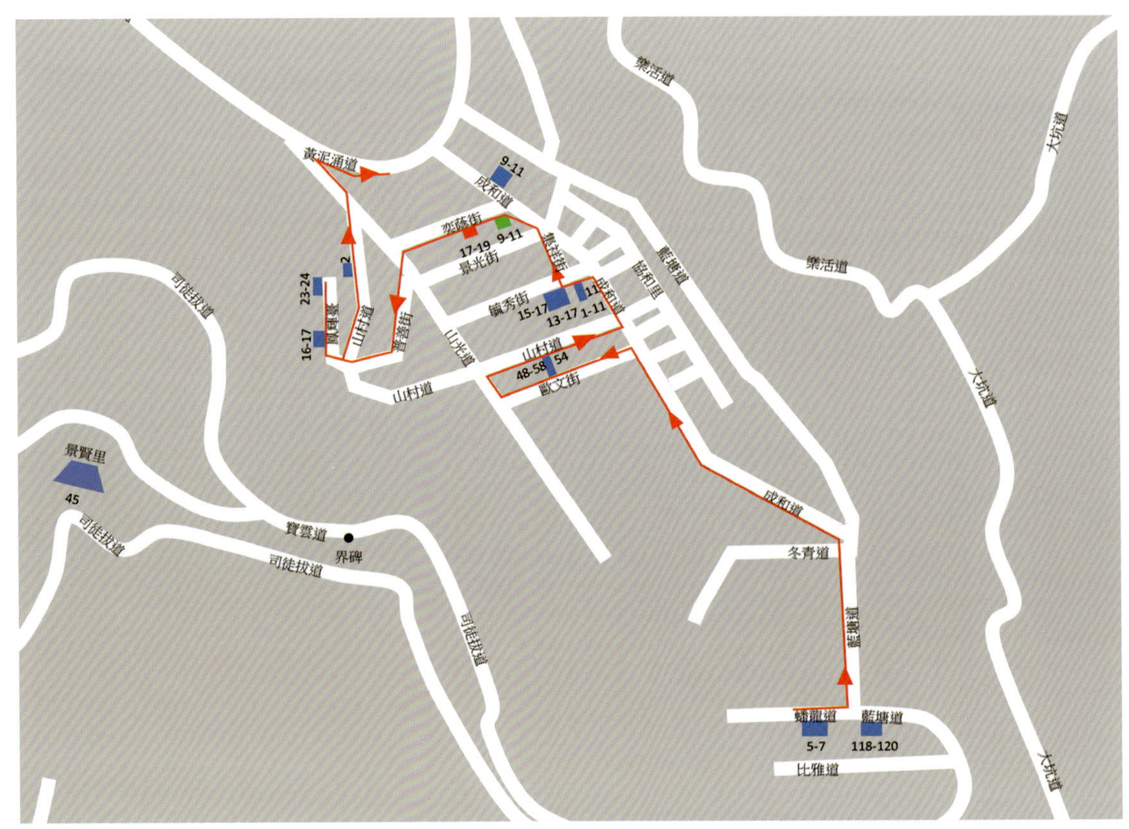

5. 跑馬地線

乘巴士上山到蟠龍道巴士總站，東行沿藍塘道落山入成和道，轉入聚文街經山村道 54 號後門，至山光道轉入山村道，轉入成和道，再轉入毓秀街，從聚文街轉入奕蔭街，上普善街至山村道交界，往返鳳輝臺，沿山村道出黃泥涌道至電車總站，乘電車離開。如不看蟠龍道別墅，可從電車總站起步，相反路程至聚文街，沿成和道下行至黃泥涌道電車總站，乘電車離開。

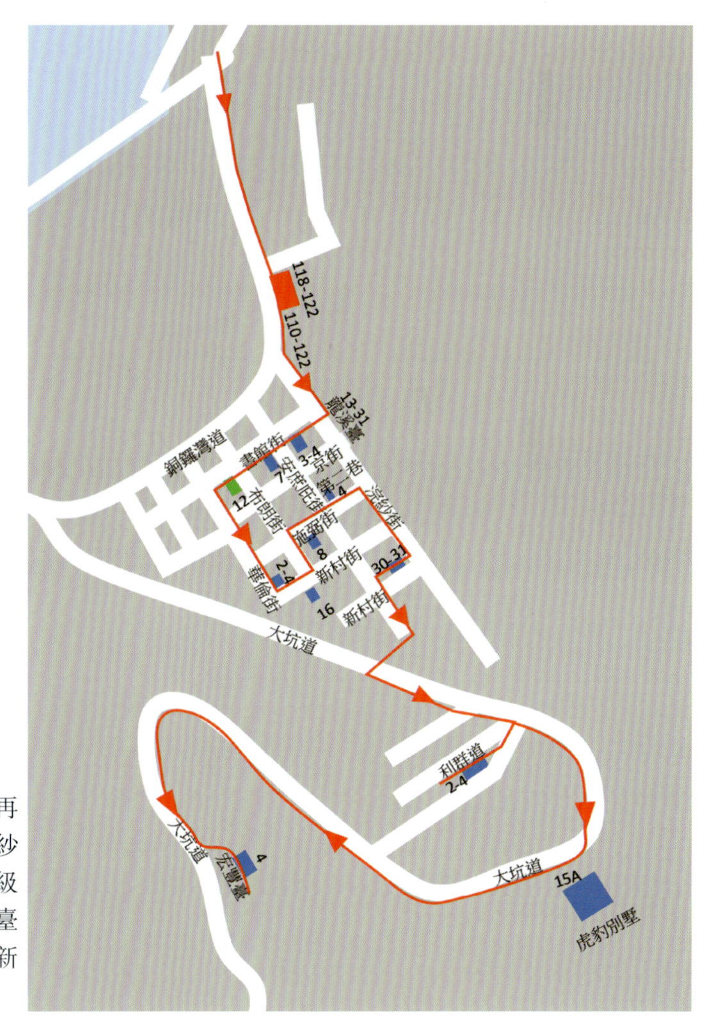

6. 大坑線

天后站 B 出口至銅鑼灣道，西行書館街，轉入華倫街 2-4 號，再轉至新村街 16 號，經布朗街轉入施弼街 8 號、第二巷 4 號到浣紗街，再轉入新村街 30-31 號，轉入安庶庇街至街尾石級，沿石級上大坑道到利群道 2-4 號及虎豹別墅。或乘巴士至大坑道宏豐臺站，上石級到宏豐臺，沿大坑道經虎豹別墅、利群道落石級至新村街行相反路線。

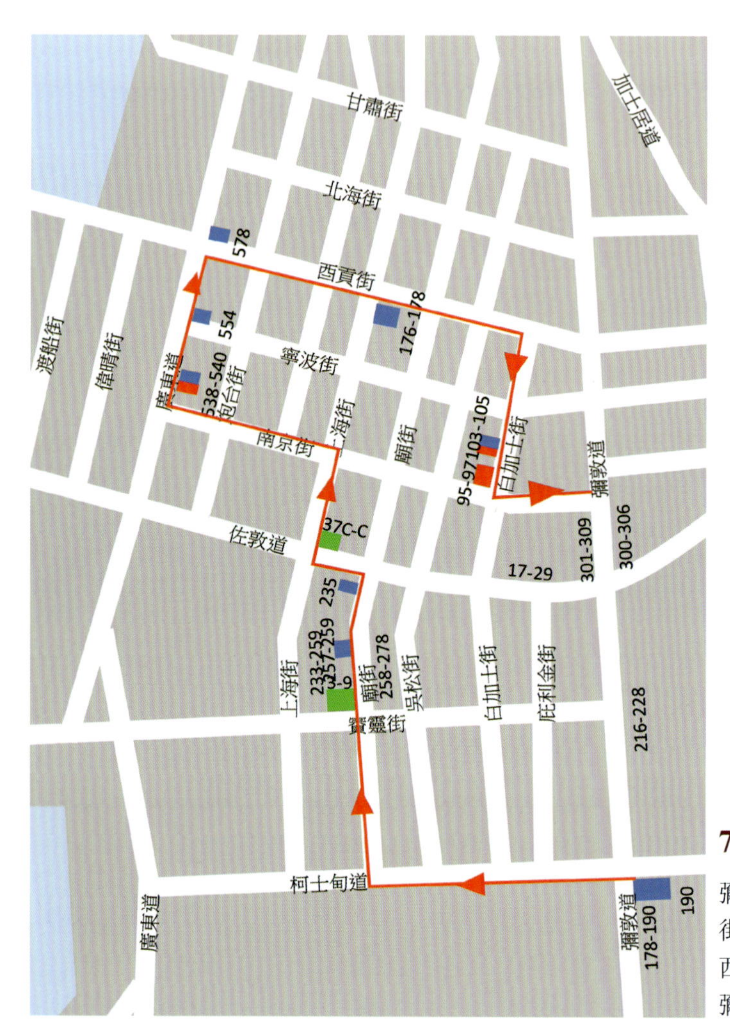

7. 佐敦線

彌敦道 190 號起步，從柯士甸道轉入廟街，至佐敦道西行至上海街北上，從南京街轉西到廣東道 540 號，北上廣東道 578 號，在西貢街轉東到白加士街，南下白加士街 105 號，到南京街轉東往彌敦道。

8. 油麻地線

廟街 63 號美都餐室起步，北上廟街，至熙龍里轉入上海街 313-315 號，北上果欄至窩打老道，轉入廣東道北上至 925-947 號。

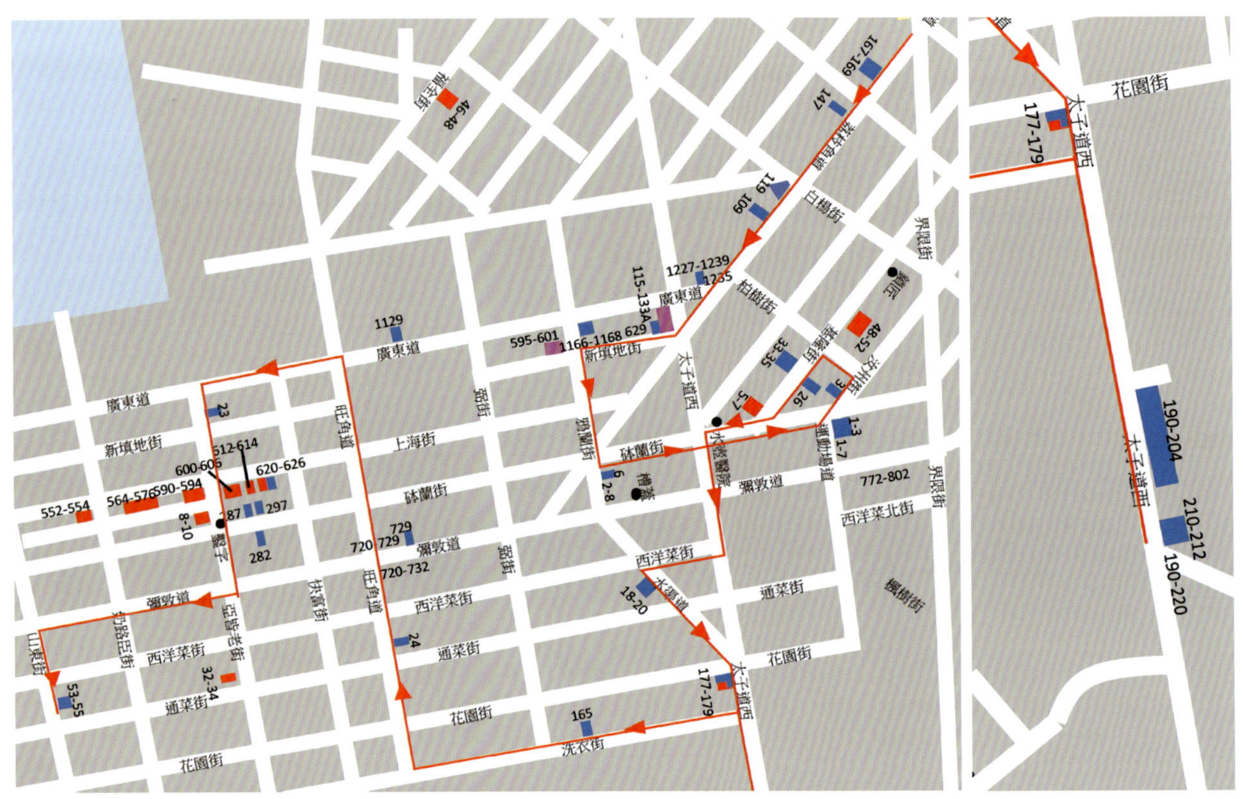

9. 旺角線

荔枝角道界限街口起步，沿荔枝角道到新填地街 629 號，至鴉蘭街往返廣東道 1166-1168 號，到鴉蘭街 6 號，北上砵蘭街到運動場道 1-3 號，汝州街 3 號，轉入柏樹街，再轉入基隆街 26 號、33-35 號，到太子道過彌敦道，轉入西洋菜街，再轉入水渠道 18-20 號至太子道西，轉入洗衣街 165 號，再轉入旺角道，往返彌敦道 729 號，經旺角道到廣東道 1129 號，廣東道南下轉入亞皆老街，往返上海街 600-626 號，砵蘭街 282 號、287 號和 297 號，從亞皆老街過彌敦道後南下至山東街轉入 53-55 號。

10. 深水埗線

福華街休憩公園起步，沿大埔道到石硤尾街口，入元州街至 75-81 號，上福榮街 62 號至北河街，沿北河街到荔枝角道，沿途往返福華街 133 號，鴨寮街 187-189 號，汝州街 269-271 號，荔枝角道西行至 386-388 號，折返桂林街到醫局街 170 號，再去到南昌街，轉入荔枝角道 264 號，到石硤尾街口轉入大南街 185 號、173 號，到黃竹街轉入基隆街 141 號，基隆街西行至南昌街，南昌街北行轉入福華街 83-85 號、62 號止。

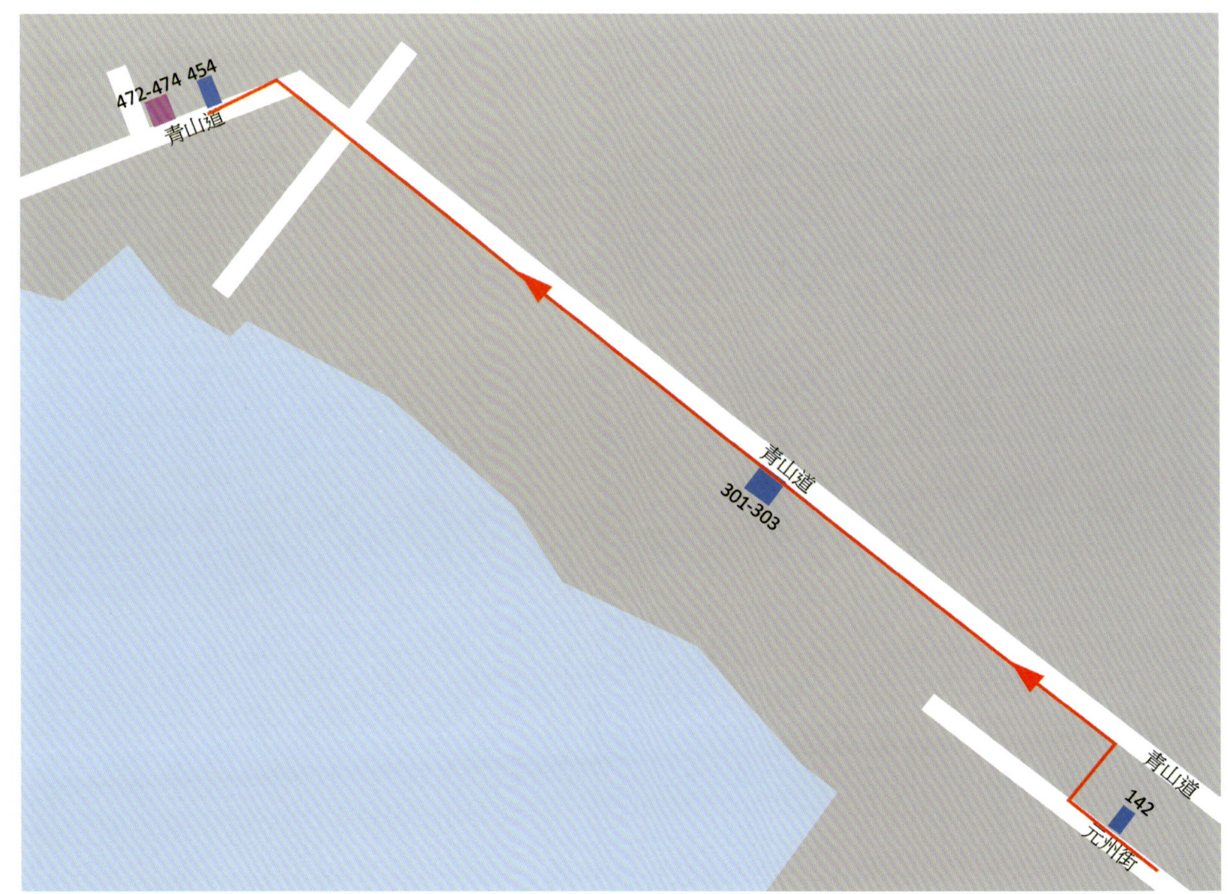

11. 長沙灣線

元州街 142 號經青山道 301-303 號到青山道 454 號。

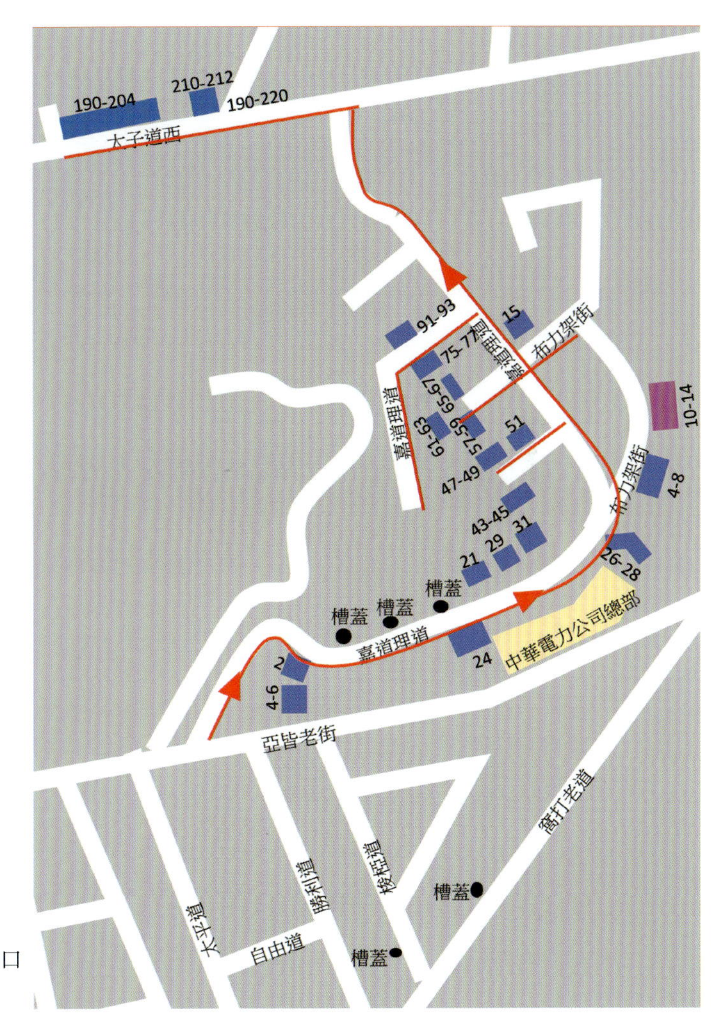

12. 加多利山線

由亞皆老街入嘉道理道，沿嘉道理道出太子道西，沿途在各路口往返，最後經火車橋到太子道西 190-220 號。

13. 九龍塘線

九龍塘站 B2 出口，東行沙福道，經窩打老道入森麻實道，上德雲道至歌和老街，中間往返窩打老道 155 號，由歌和老街入根德道回到九龍塘站。九龍塘站 B2 出口東行羅福道至路口轉入約道，律倫道，施他佛道，轉右入雅息士道，窩打老道到界限街，西行入金巴倫道，往返林肯道，舒梨道，直上回到九龍塘站。

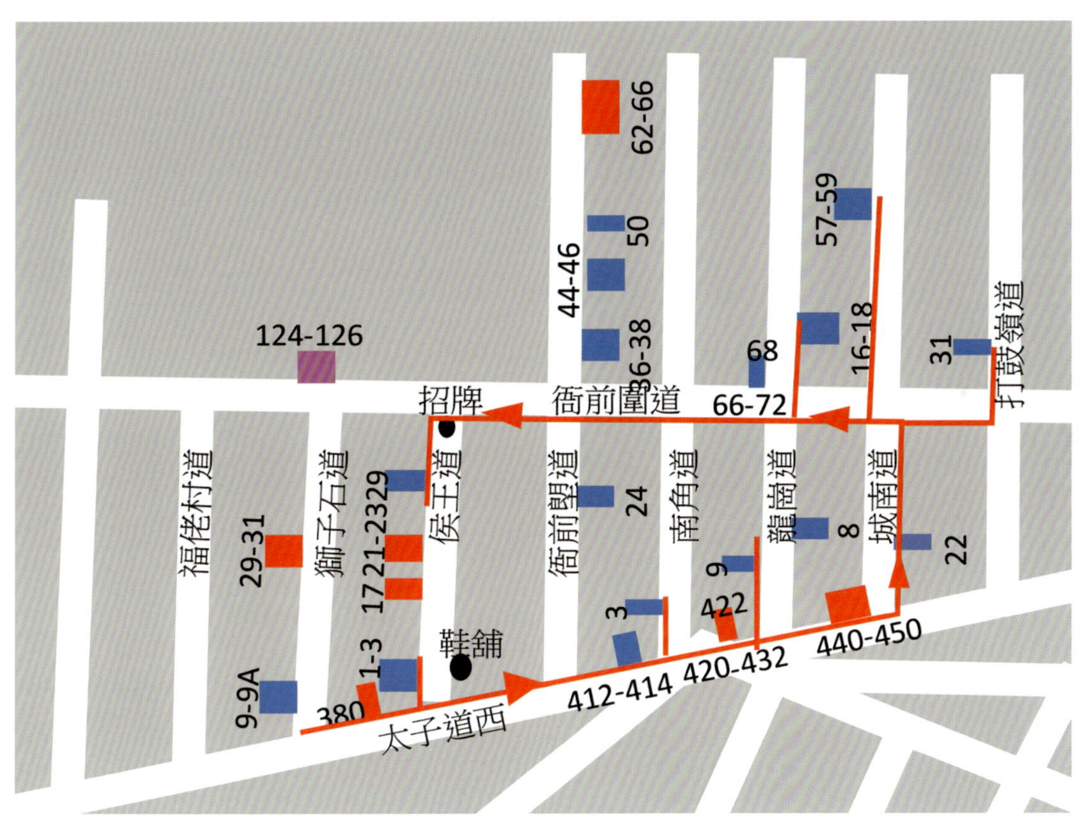

14. 九龍城線

從太子道西的獅子石道街口起步，沿太子道西東走，往返獅子石道 9-9A 號、侯王道 1-3 號、南角道 9 號（宋皇臺站 B2 出口），龍崗道 8 號、9 號，轉入城南道到衙前圍道，往返打鼓嶺道，沿衙前圍道西行，往返衙前塱道 24 號（衙前塱道 36-50 號在拆卸）至侯王道 29 號止。

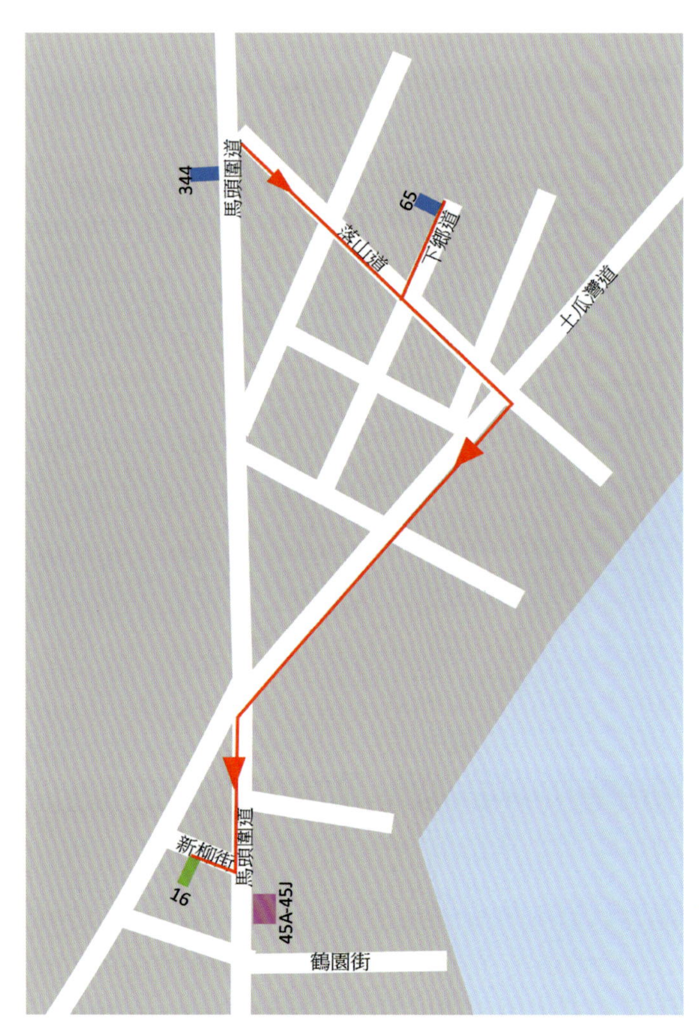

15. 土瓜灣線

從土瓜灣站 A 出口望馬頭圍道 344 號，落山道到下鄉道 65 號，經落山道至土瓜灣道南下至新柳街 16 號。

香港戰前 華人屋宇與民生

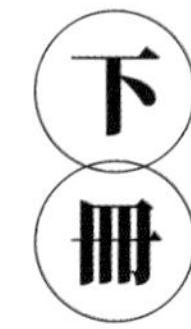

黃棣才　著

責任編輯

繆穎

裝幀設計

Sands Design Workshop

排　　版

Sands Design Workshop

印　　務

劉漢舉

出　　版

中華書局（香港）有限公司

香港北角英皇道 499 號北角工業大廈 1 樓 B 室

電話：(852) 2137 2338

傳真：(852) 2713 8202

電子郵件：info@chunghwabook.com.hk

網址：http://www.chunghwabook.com.hk

發　　行

香港聯合書刊物流有限公司

香港新界荃灣德士古道 220-248 號

荃灣工業中心 16 樓

電話：（852）2150 2100

傳真：（852）2407 3062

電子郵件：info@suplogistics.com.hk

版　　次

2025 年 7 月初版

規　　格

16 開（230mm×170mm）

I S B N

978-988-8913-93-0